Les chroniques de **MISS RITCHIE** d'amour et de glamour

JUDITH RITCHIE

Les chroniques de
Miss Ritchie
d'amour et de glamour

ÉDITIONS DE MORTAGNE

Catalogage avant publication de Bibliothèque et Archives nationales du Québec
et Bibliothèque et Archives Canada

Ritchie, Judith

    Les chroniques de Miss Ritchie
    (Lime et citron)
    ISBN 978-2-89074-929-0

    I. Titre. II. Collection : Lime et citron.

AC25.R57 2009   C848'.607   C2009-941613-1

Édition
Les Éditions de Mortagne
C.P. 116
Boucherville (Québec) J4B 5E6

Distribution
Tél. : (450) 641-2387
Téléc. : (450) 655-6092
info@editionsdemortagne.com

Illustrations
Géraldine Charette

Tous droits réservés
Les Éditions de Mortagne
© Ottawa 2009

Dépôt légal
Bibliothèque et Archives Canada
Bibliothèque et Archives nationales du Québec
Bibliothèque Nationale de France
3e trimestre 2009
1 2 3 4 5 – 09 – 13 12 11 10 09

ISBN : 978-2-89074-929-0

Imprimé au Canada

Nous reconnaissons l'aide financière du gouvernement du Canada par l'entremise du Programme d'aide au développement de l'industrie de l'édition (PADIÉ) et celle du gouvernement du Québec par l'entremise de la Société de développement des entreprises culturelles (SODEC) pour nos activités d'édition. Gouvernement du Québec – Programme de crédit d'impôt pour l'édition de livres – Gestion SODEC.

Membre de l'Association nationale des éditeurs de livres (ANEL)

TABLE DES MATIÈRES

Les chroniques de **MISS RITCHIE** d'amour et de glamour

Table des matières

Les chroniques de **MISS RITCHIE** d'amour et de glamour

PRÉFACE

J'ai connu Miss Ritchie (j'adore l'appeler comme ça, je ne sais pas, ça fait Doris Day des années 2000) dans le cadre de ma défunte émission *La mode en vedette* sur les ondes de Musimax, où elle était chroniqueuse mode. Tout de suite, je suis tombé sous le charme ! Dans la vie, elle pétille comme le champagne, elle a l'œil vif comme la louve, elle a l'intelligence d'un jeune premier de Harvard et elle manie le jeu de mots comme un vrai Guy Mongrain ! C'est à ce moment-là que j'ai commencé à lire ses textes sur le portail de Sympatico et, rapidement, comme pour la tarte au sucre de tante Georgette, je suis devenu accro ! Un petit plaisir que je m'offre chaque semaine et qui fait du bien au cœur, à la tête et à l'âme.

À mon humble avis, il y a deux façons de voir les textes de Miss Ritchie. La première, celle qui nous saute aux yeux, la plus évidente, celle du premier degré. Des textes drôles, rafraîchissants et un peu futiles. Les réflexions d'une belle fille, bien de son temps, comme dirait ma grand-mère, qui carbure aux soirées mondaines. Une fille qui a fait des bars branchés son terrain de jeux. Tout le monde est beau, s'habille chic et de bon goût et les cocktails coulent aussi vite que les chutes Niagara au printemps. Elle utilise des images colorées aux Prismacolor dignes d'une pub de Gaulthier. On l'envie ! On voudrait être son ami, être flamboyant comme elle. On voudrait avoir son cercle d'amis, se faire draguer par les mêmes adonis qu'elle, porter ses chaussures, ses vêtements et, comme elle, aller à Paris aussi facilement qu'on prend le métro pour aller au Marché Jean-Talon se chercher une botte de carottes ! Bref, la fille spirituelle de madame Chanel et monsieur Versace...

Mais il y a surtout la deuxième façon de voir ses textes, la plus intéressante, selon moi. Le deuxième degré, celui qui se cache sous la couche de paillettes, de champagne et de fond de teint Lise Watier. La réflexion d'une fille sur les relations homme/femme. (On pourrait écrire aussi homme/homme, femme/femme ou encore homme/femme/homme ou femme/homme/femme.)

Semaine après semaine, Miss Ritchie décortique, expose, questionne, chamboule et brasse (entre deux jeux de mots) nos comportements humains. La quête avec un Q majuscule de l'amour. Cette envie qu'on a tous de trouver la personne qui fera battre notre cœur à tout rompre, claquer nos genoux ensemble et qui nous donnera une fièvre digne d'une grosse grippe de février ! Ce sentiment qui fait passer le plus beau des sacs Prada pour un vulgaire sac en plastique de chez Provigo.

Au gré de ses conversations avec ses ami(e)s sur leurs malheurs, leurs bonheurs et sur ses propres aventures, Miss Ritchie dresse le portrait de sa génération. Un portrait pas toujours rose bonbon mais lucide. Celui d'êtres humains qui se cherchent, se perdent, se retrouvent, se construisent, se détruisent et brassent leurs valeurs dans le gros *shaker* de la vie !!! Elle aborde aussi la sexualité avec ouverture, sans tabous et de façon élégante. La sexualité liée à l'amour ou simplement au pur plaisir charnel. Elle sait en rire sérieusement. Des histoires qui parfois finissent bien et d'autres fois beaucoup moins, où le cœur prend le contrôle de la tête et n'en fait qu'à sa guise. Des histoires où l'on se reconnaît soi-même, nos amis et les amis de nos amis. Des gens en mouvement qui essaient de tirer la meilleure épingle du jeu. Parce que, soyons honnête, qu'on soit habillé en Louis Vuitton ou en *legging* et coton ouaté avec imprimé de loup-marin, on cherche tous un petit coin de bonheur ensoleillé.

Et la preuve que Miss Ritchie vise juste avec ses réflexions ? Il faut lire les nombreux commentaires de toute la faune Internet qui s'affichent sur le blogue, à la suite des textes. À peine quelques minutes après la parution de la dernière mouture de la belle, les réponses affluent aussi vite que l'éclair. Tout le monde y va de son opinion. Certains diront comme Miss Ritchie, d'autres seront vigoureusement contre son propos et les plus extrêmes clameront que ses textes

sont stupides. Bizarrement, ces mêmes personnes reviennent chaque semaine ! Une autre contradiction de notre époque… Comme quoi la madame n'est pas si tarée que ça ! Une chose est certaine, les Bibi25, Citron, France, Marc l'étalon, Brigitte, cocotte et autres *nicknames* de la Toile sont de retour chaque fois pour une discussion animée. Et pour un court instant, il nous est possible de faire partie, à notre tour, du cercle d'amis de notre blogueuse.

Miss Ritchie fait germer la réflexion, la réconciliation, la confrontation et le partage des idées. À sa façon, elle fait avancer les choses de la vie, un peu comme une version Internet *glamour* de Janette Bertrand.

Mais comme en amour, il faut arrêter d'en parler et le faire. Allez-y, laissez-vous aller dans l'univers de Miss Ritchie. Champagne, boule en miroir, décolleté plongeant, sourire ravageur, caviar, musique techno, chaleur de l'été, légèreté, chaussures griffées, discussions, joie, larmes, répliques acides, jeux de mots coquins, face-à-face et qui sait… vous trouverez peut-être l'AMOUR dans le détour…

Love Miss Ritchie,

Alex Perron

QUI SUIS-JE ?

Bonjour !

Ici Miss Ritchie.

Je ne suis ni psy ni sexologue ni timbrée.

Mais je suis en pleine crise d'adultessence !

Dans la société, j'occupe le poste de célibataire (et non sénile-à-terre) et je profite de cette période pour m'inspirer, rigoler et rencontrer une pléiade de personnalités. Et puis…, je suis *busy-busy* !

Entre mes escales à Paris, New York et Montréal, je partage mon clavier entre mes deux passions : l'amour et la beauté. En résumé, j'occupe deux postes qui n'existent dans AUCUNE liste des métiers : Blogueuse LOVE et Princesse aux petits POTS. Le rêve !

Le jour, je vis en ermite *glamour* dans ma salle de bains. Vous avez tout compris : je passe mes journées à tester les nouvelles crèmes sur le marché et à me redessiner le visage aux crayon contour. Le soir ? Je grimpe sur mes talons, j'enfile mon intuition et je sors écouter les histoires d'amour des gens qui m'entourent… Si vous saviez !

Ma quête ultime : assortir l'amour longue durée… au plus *glamour* des rouges à lèvres longue durée !

Sinon… j'ai un gros défaut. Je suis officiellement et totalement dépendante olfactive. Et je refuse de me soigner. J'aime-j'aime-j'aime-j'aime les parfums ! J'ai d'ailleurs un faible pour les marques très *cool* comme Juliette Has A Gun, Le Labo et État Libre d'Orange. Comme dirait Coco Chanel : « Une femme sans parfum est une femme sans avenir. » À cela j'ajoute : « Les parfums qu'on adore nous collent à la peau. Ceux qui puent aussi. Pensez-y ! »

Mon conseil beauté ? Faites l'amour… C'est le meilleur antirides sur le marché !

Mon mantra LOVE ? Le cardio, c'est la santé !

Qui m'aime me lise !

Il n'y a point de génie sans un grain de folie.
Aristote

CHRONIQUES...

J'AIME LES RÉFLEXIONS DES GENS,
QU'ELLES SOIENT SIMPLES,
CHOQUANTES OU SPIRITUELLES. IL Y A
UNE PARCELLE DE VÉRITÉ DANS TOUT.
C'EST POURQUOI J'AI SÉLECTIONNÉ DES
COMMENTAIRES D'INTERNAUTES, QUE
VOUS RETROUVEREZ DANS UN ENCADRÉ À
LA FIN DE CHAQUE CHRONIQUE. NA ! NA !
VOUS ÊTES PUBLIÉS !

– MISS RITCHIE

LA GIROUETTE
ET L'ARTICHAUT

En novembre, où la pelure d'oignon est l'*outfit* à la mode (*alias* les deux seules semaines où il est humodement possible de porter un trench et des bottes cuissardes sans risque d'engelure… viiiiite!!!!), les artichauts, eux, arrachent leurs feuilles une à une dans l'espoir de poser leur cœur dans une relation de mi-saison.

Girouette et moi, dans un resto sympa de la Petite Italie, Montréal.

Girouette : J'aimerais bien avoir un mec pour l'hiver… Il me semble qu'on pourrait faire des activités, passer Noël en famille, se réchauffer devant le feu…

Moi : Mais tu n'avais pas quelqu'un, la semaine dernière ?

Girouette : Oui, Pierre ! J'aime bien Pierre. Mais j'aime aussi Steven, que je viens de rencontrer. Et il y a l'autre mec de New York, Paul.

Moi : Hum… Ça fait beaucoup de monde autour du feu, ça !

Girouette : Les mecs sont tellement instables, on n'a pas le choix d'en avoir plusieurs. C'est une question de survie.

Moi : Tu n'as pas peur de tomber dans le piège des topinambours ?

Girouette : Des quoi ?

Moi : Des topinambours, les artichauts d'hiver du Canada.

Les topinambours sont utilisés pour le bétail comme aliment de remplacement en période de restrictions.

En amour, les archi-chauds d'hiver perçoivent les aventures comme des histoires de comblements temporaires.

Girouette : Hein ? Attends ! J'ai mon cell qui sonne… C'est Philiiiiipe !

Moi : Qui ? Un autre ? Dis donc, tu as un vrai cœur d'artichaut, toi !

Avoir un cœur d'artichaut signifie être inconstant en amour, ou plutôt, tomber facilement, et souvent, amoureux. Le cœur désigne le fond de l'artichaut duquel se détachent de nombreuses feuilles… Une pour chaque coup de cœur.

Elle se lève.

Girouette : Je vais rappeler Philippe et envoyer un texto à Pierre aussi. Si le serveur arrive, tu peux lui donner ma commande ?

Moi : Bien sûr, tu veux quoi ?

Girouette : Ce truc de viande cuit au four, c'était quoi déjà ?

Moi : Vitello al forno, je crois.

Girouette : Oui, c'est ça. Je veux la moitié de ça et une autre moitié de pasta aux tomates. Non ! Attends… Une moitié de salade de roquette. Oui, c'est ça. Mais sans

vinaigrette. Et un extra tomates séchées. J'adooooore les tomates séchées ! ! !

Moi : Hum… ouais. OK. Mais dis-moi, tes mecs, ils savent que tu entretiens dix relations parallèles en même temps ?

Girouette : Tu es folle ? ? ? ?

Puis elle tourne les talons et se dirige vers les toilettes, les yeux rivés sur l'écran de son cellulaire. Le serveur arrive.

Le serveur : Puis-je prendre votre commande ?

Moi : Oui. Des fettucine al funghi, s'il vous plaît.

Puis il se tourne vers la chaise vide de Girouette.

Le serveur : Votre amie avait-elle fait un choix ?

Moi : Oui. Elle les veut tous.

Le serveur : ? ? ?

Les archi-SOTS du marché… Mais sans cœur s'il vous plaît ! ! !

> UN JOUR DE RAFALES,
> ELLE S'ACCROCHERA LE PIED SUR LE
> TOIT D'UNE MAISON CHAUDE ET BIEN
> SOLIDE. EN ATTENDANT, BON VENT !
> – MARCEL GEMME

L'AMOUR **EN SALADE**

En amour, les filles carburent aux salades. Particulièrement celles qui tournent au vinaigre. Moi, je préfère la salade d'amour. Ce délicieux mélange de fèves germées, d'épinards et de riz qu'on laisse tremper pour que les aliments s'imprègnent du max de saveur.

Une de mes amies, Macédoine, aime tout ce qui est frais et croustillant. Salade et relation parlant. Résultat : elle tombe toujours sur des baratineurs de première, qui se rétractent au premier ramollissement.

Macédoine et moi, au comptoir à salades du Café Vasco Da Gama, sur la rue Peel, à Montréal.

Macédoine : Vraiment, j'en ai ras-le-bol des mecs qui me racontent des salades !

Moi : Comment ? T'as encore eu droit à une verdure ?

Macédoine : Oui, une autre verdure… Bonne pour les ordures ! !

Moi : Bon… bon. Raconte.

Macédoine : Je l'ai d'abord rencontré dans un bar. C'est quelqu'un qui me l'a présenté. Il était, en fait, l'ami d'une amie. Donc, du coup, j'avais une référence.

Moi : Toujours bon. Et alors ?

Macédoine : Alors, tout de suite, la complicité s'est installée. Il m'a raconté qu'il était célibataire et tout. Qu'il avait envie d'une relation stable. Rapidement, nous nous sommes revus. Chaque jour… ou presque !

Moi : Intense.

Macédoine : Oui. On faisait tout ensemble, matin, midi, soir. Après deux semaines, il m'a même dit qu'il pensait avoir trouvé la femme de sa vie. Moi !

Moi : Or ?

Macédoine : Or, un jour, il m'a envoyé un *mail* en disant que tout ça allait trop vite et qu'il n'était pas prêt à s'engager. Et depuis, rien !

Moi : Hum…

Macédoine : Je me suis encore gourée. Une vraie courge !

Moi : Mais non… Seulement, tu dois faire de meilleurs choix. Dans le *Grand livre des Alimenteurs, ces menteurs qui nous alimentent*, on dit que la salade d'amour est le meilleur antidote aux marchands de salades indigestes.

Macédoine : Et pourquoi ?

Moi : À cause de la germination des fèves germées et de l'amidon du riz.

Macédoine : Ah bon ?

Moi : Voici leur théorie : Qui dit fèves germées dit germination… Germination signifie une reprise de la vie active après une période de repos. Donc, en amour, pour que la germination soit réussie, il faut prendre le temps de se retrouver, avant de se lancer dans une nouvelle histoire de cœur.

Macédoine : Et pour le riz ?

Moi : Le riz est riche en ami-don. Et donc (pour en revenir à l'amour), plus le don d'amitié est présent dans une relation, plus on rit et plus on s'amuse ! La germination et l'amidon sont donc, selon le *Grand livre des Alimenteurs*, les deux éléments essentiels qui favorisent une relation d'amour saine. Car un amour qui germe dans l'amitié peut surpasser toutes les salades du jour et sans saveur !

Macédoine : Et ça marche, tu crois ?

Saladlair que oui !

> LES BEAUX CHARMEURS QUI DISENT TOUT CE QU'IL FAUT, COMME IL FAUT ET QUAND IL FAUT... C'EST PARCE QU'ILS SE SONT EXERCÉS SUR TOUT CE QUI BOUGE PENDANT DES ANNÉES.
>
> – CHRISTIAN

LES FLEURS
DU BAD BOY

Il y a les hommes roses…
et les hommes pas roses.

Mais la nouvelle tendance,
c'est le bouquet *dating*.

Phil : Je voudrais offrir des fleurs à une fille.

Sophie : Ah ouais ? Tu ne m'avais pas dit que tu avais une copine… (pointe de jalousie)

Phil : Je ne sors pas avec elle.

Sophie : Et tu veux lui offrir des fleurs, comme ça ?

Phil : Oui, j'aimerais l'inviter à prendre un verre depuis un moment, mais elle est très farouche…

Sophie : Elle doit vraiment te plaire, alors. Tu es si romantique…

Phil : Rien de romantique là-dedans. Le bouquet, c'est pour avoir une longueur d'avance.

Sophie : Pardon ?

Phil : En offrant un bouquet, elle sera déjà sous le charme. Du coup, une fois au resto, il y aura une bonne partie du travail de fait.

Sophie : Et on peut savoir de quel « travail » tu parles ?

Phil : Le bouquet, c'est le nouvel apéro. Pour passer plus vite au plat principal…

Sophie : Franchement ! C'est nul, ce concept !

Phil : Non. Moi, j'aime bien.

Sophie : Ça n'a rien à voir ! Si tu lui envoies des fleurs, elle va penser que tu en fais trop et elle va refuser ton invitation. Et puis, si elle est seulement intéressée à être ton amie, elle sera extrêmement mal à l'aise. La plupart des filles s'intéressent aux *bad boys*. Si tu lui offres des fleurs avant même de l'avoir embrassée, elle va flipper. Les *bad boys* ne se cassent pas la tête à offrir des fleurs. Ils se concentrent sur les épines pour mieux récolter. Qui s'y frotte s'y pique. Les filles adorent. Mais en fait, c'est une maladie dégénérative qui ne mène nulle part… Et douloureusement romantique.

Phil : Et si je lui offre des fleurs, mais avec une arrière-pensée *bad boy*, ça peut marcher ?

Sophie : Hum… J'aime bien le concept. Mais pour que ça marche, il faudrait qu'elle le sache et c'est impossible.

Phil : Voyez comme vous êtes compliquées les filles !! Bon, j'appelle le fleuriste.

Sophie : Tu fais une grave erreur.

Phil : Trop tard, ça sonne. « Bonjour, j'aimerais faire livrer un bouquet de fleurs, s'il vous plaît. Des pivoines. »

Sophie : Des pivoines… J'adore les pivoines.

Phil : Au 2001 University, suite 901.

Sophie : Mais attends… C'est mon adresse, ça !

Phil : À l'attention de Sophie.

Sophie : Phiiiil ?

Phil : Bon. Maintenant, elle le sait ! Alors, tu veux aller boire un verre ?

Sophie : Salaud. Oui.

> LE RÊVE EST UNE VISION DE L'AVENIR QUE L'ON DOIT S'IMPOSER POUR AVANCER.
>
> – MARTINE

LE CONTRASTE
DE CAMÉ & LÉON

Dans la vie, les filles veulent se faire remarquer : profession et relation parlant. Elles veulent être uniques, différentes et sortir du lot. Tout, sauf être beiges. Et c'est toute la contradiction de Camé & Léon.

Camé a toujours voulu une famille, trouver l'homme de sa vie. Depuis qu'elle est toute petite, elle regarde les femmes autour d'elle… Ces femmes si féminines qui s'habillent bien, se maquillent, se parfument… Ces femmes qui ont la bague au doigt et qui semblent si heureuses.

Chaque jour, Camé enfile sa robe-tunique noire, ses bottes sans talons (noires), son pull gris (parfois beige) et attache ses cheveux grossièrement (elle ne sait pas faire autrement). Elle voudrait bien porter des trucs plus colorés, mais elle ne voudrait surtout pas avoir l'air trop *flashy*. Elle ne supporterait JAMAIS tous ces regards sur elle. Et puis… elle aurait sûrement l'air ridicule !

Le jour du *party* de Noël, elle hésite entre une mignonne petite robe noire et une magnifique robe rose satinée dénichée en super solde l'été dernier. Un accès de folie. Elle ne l'a jamais portée. Sa copine, une hystérique *fashion victim*, l'avait sommée de l'acheter. « Tu es CANON dans cette robe ! Je te jure que le jour où tu la portes, tous les hommes se jetteront sur toi ! »

Elle l'enfile, se regarde dans le miroir.

L'ANGOISSE. Elle se met à trembler… à transpirer.

Au même instant, sa copine (l'hystérique *fashion victim*) téléphone.

32

La copine : Alors, tu vas porter ta robe ?

Camé : Non… je ne crois pas. Je préfère la noire… Il me semble que ça me ressemble plus.

La copine : Mais de quoi tu parles ? Tu es la fille la plus éclatée que je connaisse ! Tu crois vraiment qu'une robe noire te « ressemble » ?

Camé : Moui…

La copine : Dis plutôt que tu veux passer inaperçue !

Camé : Mais au contraire… Je voudrais bien qu'on me remarque !

La copine : Alors sors ton Léon !

Camé : Mon quoi ?

La copine : Ton LÉON GREC !

En étymologie grecque, Camé signifie « Terre » et Léon signifie « Lion ».

Un caméléon est donc… un « lion terrestre ».

Et dans tout caméléon sommeille un lion… qui rêve de sortir de l'ombre.

La copine : Tu es une tigresse !! Seulement, tu es trop terre-à-terre et tu te bloques à l'audace qui gronde en toi.

Camé : Ah bon ? Ouais… tu as peut-être raison. Attends, j'ai une idée. RWWWARRRRR !!! (Bruit de rugissement au bout de la ligne.)

La copine : Allô ? Camé ? Mais c'était quoi ce bruit ?

Camé : Mon Lion intérieur. Bon. Je peux mettre ma robe noire maintenant ?

> JE SUIS COMME UN LIVRE FERMÉ. SI ON ME JUGE PAR MA COUVERTURE, ON SE FAIT UNE TRÈS MAUVAISE IDÉE DE L'HISTOIRE QUE JE RENFERME.
> – CHRIS

PSYCHO BIKINI

Au rayon des professionnels
de la confidence, il y a les psys,
les thérapeutes et les coachs de
vie, tous diplômés et formés pour
nous tirer les vers du nez. Pour ma
part, je préfère travailler d'arrache-
poil sur mes relations lorsque je me
rends chez mon esthéticienne.
Tellement plus spirituel !

Position : Yoga-kini (allongée sur le dos, une jambe relevée, en tirant un peu sur la « tite » peau).

Sujet : Comment dénicher l'hummus velu (*alias* l'homme voulu).

String, papier ciré, cire chaude… C'est parti !

Estelle (l'esthéticienne) : Ça va toi ?

Moi : Bof… Je suis de mauvais poil aujourd'hui.

Estelle : Bon… On va t'arracher ça.

Moi : Merci.

Estelle : T'es prête ?

Moi : Hein ?

Chlak ! (Ouch… Ah oui, ça.)

Estelle : Alors, t'as un copain ?

Moi : Non.

Estelle : Tu cherches sûrement trop loin.

Moi : Possible.

Chlak-chlak-chlak ! (AYOYE !)

Estelle : Ça va ?

Moi : NOOON ! Mais continue… Tu disais ?

Estelle : Tu cherches trop loin. C'est comme pour les poils incarnés… Plus on s'attarde à ceux qui sont creux, plus on s'enfonce dans la mauvaise direction et plus on risque de se faire des cicatrices.

Moi : Des poils incarnés ? Ah bon… Et tu as un truc en particulier pour reconnaître les « bons » ?

Estelle : Absolument ! Il faut se concentrer sur ceux qui sont faciles d'accès, légèrement dissimulés, mais qu'on peut voir en surface. Ce sont les meilleurs !! On les *squiz* un peu et hop !

Moi : Pincés !

Estelle : Voilà !

Moi : Ouais, bon. Catégorie « *au poil* », je fais toujours des boutons horribles quand j'en pince pour un bon… Résultat : ça s'infecte et je gâche tout.

Estelle : Hum… Je vois. C'est parce que tu as de mauvaises bactéries qui se sont incrustées.

Moi : Des bactéries ?

Estelle : Oui. Il faut TOUT désinfecter avant de passer à l'action !

Moi : C'est-à-dire ?

Estelle : D'abord, tu « *EX-folies !* » : tu prends une grosse brosse et tu fais le ménage de toutes tes saletés de relations mortes. C'est le seul moyen de stimuler le renouvellement et de faire peau neuve avant une autre relation. Sinon, le poil devient affreusement dru. Du coup, on fait une rechute et on retourne aux rasoirs.

Moi : Tu as raison, les rasoirs… Ce sont de vrais couteaux à double tranchant.

Estelle : Exactement. Ça fait beau sur le coup, mais c'est encore pire le lendemain !

Moi : (Rien à ajouter.)

Estelle : Bon. J'ai terminé… Tu veux que je t'enlève un peu de poils incarnés ?

Moi : Noooon !! Je les garde !!!!

> JE NE SAIS PAS SI JE VAIS FINIR MA VIE À SES CÔTÉS… MAIS JE SUIS PERSUADÉE D'UNE CHOSE : MON CŒUR LUI SERA ÉTERNELLEMENT DÉVOUÉ.
> — MEVEL

L'ÉPINGLÉE ROMANTIQUE

En amour, on peut essayer de trouver chaussure à son pied… ou bien tenter de tirer son épingle du jeu. Ce sont deux façons bien différentes de se mettre en mode amoureux. La première cherche à emboîter le pas, l'autre à se faufiler.

Une de mes amies, Marie-Marionnette, s'est emmêlée dans les fils conducteurs d'un amour sans attaches. Ce qui l'a rendue très confuse. C'est donc au Santos, dans le Vieux-Montréal, et devant « Une Grande Classe » (une coupe de champagne rehaussée de jus de canneberges blanches et d'Amaretto), que nous sommes allées démêler la situation. *Cheers !*

Moi : Bon. La dernière fois qu'on s'est vues, tu venais de rencontrer ton mec… Comment il s'appelle déjà ?

Marie-Marionnette : Fabien.

Moi : Fabien, c'est ça. Et alors, comment ça se passe avec lui ?

Marie-Marionnette : Je ne sais pas… Il m'appelle, il ne m'appelle pas. Parfois, je sens qu'il s'ennuie, d'autres fois pas. Je ne sais pas trop où ça mène tout ça. Là, je n'ai pas de nouvelles de lui depuis trois jours.

Moi : Oups… Trois jours… Le chiffre fatidique.

Marie-Marionnette : Comment ça ?

Moi : Trois jours il te rappelle, trois jours il te rappelle pas…, c'est le premier signe d'une relation-pantin.

Marie-Marionnette : Une quoi ?

Moi : Une relation-pantin.

40

La relation-pantin se joue à deux : il y a le tireur et l'attiré. Le tireur tire sur les ficelles du désir au gré de ses envies. L'attiré, lui, a toujours tendance à être trop flexible... Jusqu'au jour où il décide de se soulever.

Marie-Marionnette : Et comment on se soulève exactement ?

Moi : En tirant son épingle du jeu.

Tirer son épingle du jeu signifie se dégager adroitement d'une situation délicate, se retirer à temps d'une affaire qui devient mauvaise (pour soi).

On peut tirer son épingle du jeu pour plusieurs raisons. Mais la plupart du temps, c'est pour éviter que la piqûre n'atteigne notre amour-propre.

C'est une décision difficile et qui peut donner du fil à retordre aux âmes sensibles. Raison pour laquelle bien des gens restent pris dans leur toile d'araignée... très longtemps.

La preuve ? Cette semaine, j'ai recroisé Marie-Marionnette à la Buvette chez Simone, un nouveau bar à vin situé sur l'avenue du Parc. Devinez quoi ? Elle était avec son Fabien, tirée à quatre épingles, plus amoureuse que jamais. En se rendant aux toilettes, elle m'a chuchoté ceci : « Que veux-tu... J'en pince pour lui... C'est plus fort que moi ! »

Après tout, on se fait si facilement épingler par l'amour... *Ouch !*

> MÊME SI DANS NOTRE CŒUR NOUS PENSONS AVOIR ÉCHOUÉ, AU MOINS NOUS AURONS ESSAYÉ.
>
> – YANNICK

TROIS JOURS,
TROIS SEMAINES
ET UN JE T'AIME

Une de mes copines,
Sabine, m'a demandé ce que
je pensais de la fameuse règle
des « trois jours ».
Depuis, ça me trotte dans la
tête… Trotte et trotte et
trotte… 1, 2, 3, *go* !

D'abord, la règle de trois.

Première question : Ça existe encore ce truc ? Je veux dire... attendre trois jours pour passer au deuxième tour (de langue, bien sûr) ?

Je suis divisée sur ce point. D'un côté, je trouve que l'amour à trois temps a quelque chose de très charmant... Mais en même temps, deux personnes qui « trippent » à fond ont-elles nécessairement besoin de se soumettre à ça ?

Par exemple, une de mes bonnes amies, Marie, fréquente un homme depuis trois semaines et elle est folle de lui. Le week-end dernier, alors qu'ils jouaient à s'écheveler sous la couette, il lui a avoué « qu'il était en train de tomber amoureux ».

Moi : Super !!! Je suis contente pour toi ! Et tu lui as répondu quoi ?

Marie : En fait, j'ai figé. Je ne m'attendais pas du tout à ça ! Il me semble que trois semaines, c'est un peu rapide pour s'avouer ce genre de truc, non ?

Moi : Honnêtement, je n'en sais rien. Je suis justement en pleine révision du « trois ».

Marie : Ah oui ?

Moi : En mathématiques, la RÈGLE DE TROIS sert à chercher le quatrième nombre d'une proportion quand les trois autres sont connus.

Donc (vous avez le droit d'aller vous chercher un deuxième café), si on transpose la règle dans une équation romathématique, ça voudrait dire que pour embrayer en quatrième vitesse, il faudrait connaître les trois points suivants : 1) Est-il disponible ? 2) Est-il prêt ? 3) Est-il fou ?

Marie : Fou ?

Moi : Oui, fou.

Marie : Pourquoi ?

Moi : Parce que s'il a le cœur pleinement disponible et qu'il est prêt à s'engager… alors il sera fou d'amour pour toi !

Marie : Intéressant… Et s'il possède les trois premiers points ?

Moi : Alors là… tu le dis !

Marie : Quoi donc ?

Moi : La citation qui tue : Celui qui cherche une femme belle, bonne et intelligente n'en cherche pas une mais trois… ou moi ! – Oscar Wilde (avec extra)

45

Marie : Excellent !

Moi : Et tu lui murmures tout doucement à l'oreille… « Je t'aime ». Il va flancher !

Marie : Bêtement, comme ça ?

Moi : Absolument !!

Marie : Oh… merci !! Comment tu fais pour toujours savoir quoi dire ??

Moi : Hum… ouais, bon. Justement, j'ai rencontré un mec cette semaine… Je le rappelle ou pas ?

Marie : Ça fait combien de temps ?

Trois jours !!!

> LE *TIMING* EXISTE-T-IL OU EST-CE LES VRAIES RENCONTRES QUI CRÉENT LE MOMENT ?
> – PAUL GOERG

UNE CORDE,
ÇA LASSE !

En août, tout le monde
devient fou à lier. Les couples
se passent la corde au cou,
ceux qui se sont laissés
cherchent à renouer et les gens
tordus sont toujours aussi mêlés.
Bref, dur de garder le fil…
surtout lorsqu'on a peur des
attaches.

Ma copine Sandrine a rencontré son mec, Pierre, dans une soirée où elle était particulièrement éméchée... et ils ont rapidement tissé des liens.

Portrait rapido : Sandrine est une super *business woman* qui cartonne dans son domaine et, même si elle ne fait pas dans la dentelle avec les hommes qu'elle rencontre (elle ne les rappelle... comment dire... jamais) et proclame haut et fort qu'elle ne veut pas s'engager, elle rêve secrètement (comme toute femme qui a un cœur à la place d'une pierre) de rencontrer SON HOMME.

Moi : Alors, les amours ?

Sandrine : Je flirte avec Pierre.

Moi : Comment, tu sors avec... LUI ? Mais c'est une vraie tête de nœud ! Il drague tout ce qui bouge !

Sandrine : Je sais... Mais c'est parfait pour moi. De toute façon, je ne veux pas m'attacher. J'aime bien trop ma liberté ! Je fais ce que je veux, quand je veux. Pas de comptes à rendre... Qu'il drague, pardi ! J'aurai la paix... et de la bonne compagnie.

Moi : Fais quand même gaffe... Il pourrait s'attacher... et toi aussi.

De fil en aiguille... Deux semaines plus tard.

Moi : Tu as l'air débobinée… Avec Pierre, ça *feel* ?

Sandrine : Bah… Il me donne du fil à retordre !

Moi : Comment ça ?

Sandrine : Il veut l'exclusivité, que je me consacre à lui entièrement… Mais je ne sais pas… Il dit que ça l'énerve que je bosse trop tard, que j'aie une vie sociale et tout. Si je ne l'appelle pas pendant vingt-quatre heures, il me harcèle sur mon portable et me pose mille questions. Bref, il commence à m'étouffer… Mais je l'aime bien.

Moi : Hou-là-là… tu viens de frapper un nœud, ma belle.

Un nœud est un enlacement de choses FLEXIBLES.

Le but du nœud est de resserrer les liens pour les rendre plus **SOLIDES**. Plus on tire sur les extrémités, plus ça serre. Or, dans un couple, on obtient souvent l'effet inverse. Plus on se sent serré, plus on a envie de se DÉTACHER.

Moi : Et si tu lui proposais le nœud coulant ?

Sandrine : C'est-à-dire ?

Moi : Le nœud coulant est idéal pour commencer une relation. Il s'ajuste, donne du lest au besoin, se resserre

tout en douceur... Il est simple, mais mérite la plus grande attention !

Après tout, le temps file... À quoi bon vouloir se retenir !

L'AMOUR N'EST PAS UNE CORDE AU COU. C'EST UN FIL D'OR FIN, QUI NE PREND DE VALEUR QUE SI, LIBREMENT, ON ACCEPTE DE TENIR CHACUN UN BOUT.

– CHARLES-ANDRÉ

PRISE EN
FLAGRANT DÉLICE

Certains moments de gourmandise sont difficiles à contrôler. Hier soir, j'étais dans l'un de mes restos préférés à Montréal, le Tapeo. Chaque fois que je me retrouve face à sa délicieuse sélection de tapas, je change de personnalité et je me transforme en « Porcinette et les Portionnettes ».

Est-ce-thomas : Porcinette chérie, je te sers un peu de chorizo ? (Le chorizo est une saucisse d'origine portugaise et espagnole fabriquée à partir de viande de porc.)

Tant qu'à être cochonne…

Est-ce-thomas, c'est mon compagnon de table. Ou plutôt, mon ami imaginaire. Parce que (contexte), je suis assise à une très loooongue table de quinze personnes, autour de laquelle se trouvent sept couples. Et là, on a beau être nul en math, on fait rapidement le calcul.

Le + 1 (la chaise ajoutée), c'est moi.

Heureusement, Est-ce-thomas est là. Discret et réconfortant, il a de jolis yeux (plus grands que la panse) et il émet de mignons gargouillis sans faim. Et je peux toujours compter sur lui ! Même si on s'obstine parfois.

Est-ce-thomas : Alors, je te sers du chorizo ou pas ?

Est-ce-bien-moi : Oui, oui ! T'as mangé de la vache enragée ou quoi ?

Est-ce-thomas : C'est plutôt toi qui as l'air sur les dents, ce soir !

Est-ce-bien-moi : Bon, bon, bon…

Est-ce-thomas : Bon quoi ?

Est-ce-bien-moi : C'est bon ! Je savoure, mon amour !

Au même instant, la délégation arrive : la sardine, le poulet, le veau, le saumon…

Pas de panique, y aura de la place pour TOUT LE MONDE.

Surtout pour mes churros chéris, ces petits beignets dodus et sucrés qu'on trempe délicatement (et à plusieurs reprises) dans le chocolat.

Je vous l'ai dit : je m'appelle Porcinette !

Est-ce-thomas : Ça suffit. Je n'en peux plus.

Est-ce-bien-moi : Mais si, tu peux, voyons… Tu te souviens la dernière fois, comment c'était bon ?

Est-ce-thomas : Stooooop !!!

…Silence…

Est-ce-thomas : Hé, ho ! Tu m'écoutes ou pas ?? J'ai dit STOP.

Silence… hmmm… churros… churros…

Encore un petit dernier.

Parfois, c'est tellement mieux de NE PAS s'écouter !

53

Surtout lorsque la serveuse vous prend en flagrant délice et qu'elle vous lance :

La serveuse : Vous me faites rire Miss Ritchie !!

Moi (la bouche pleine de chocolat) : Ah oui ? Dites-moi pourquoi, que je rigole aussi.

La serveuse : Oui. Je lis vos chroniques chaque jeudi et c'est tellement typiquement féminin ce que vous faites là... Je veux dire... vider le plat de chocolat !

Rgup... Bruit de ravalement...

Vous êtes plusieurs à me regarder manger comme ça ? ? ?

DÉPÊCHONS-NOUS
DE SUCCOMBER À LA TENTATION
AVANT QU'ELLE NE S'ÉLOIGNE.
– ÉPICURE

LA CRISE
DE LA CRAVATE

Une des choses les plus difficiles pour un gars, c'est de se « mettre la corde au cou ». Or, porter une cravate, c'est précisément l'antithèse physique de ce blocage psychologique. Trouvez l'erreur.

Tous les matins, les hommes se mettent la corde au cou. Seuls, face au miroir, ils exécutent le même nœud dans le même sens et le serrent avec la même intensité. Mais (et c'est là toute la nuance) dans un bout de tissu différent !

Chez le psychic, on appelle ce phénomène très représentatif de la société actuelle : « Psychologie de la cravate inversée ».

Dans le livre *Comment passer du Nœud au Nous sans se casser le cou*, on traite d'ailleurs de la cravate comme du cordon ombilical de la testostérone. On y apprend notamment comment couper le fameux cordon… pour ensuite le rattacher à notre goût.

Selon l'Ordre des cravatés d'Or, le secret réside aussi dans les motifs de base. Comme la cravate représente le point central de l'apparat masculin (et donc le médium d'expression n° 1 de l'*Hummus Business* moyen), les motifs demeurent les principaux vecteurs de stimuli. Sont-ils originaux, rigolos, frivoles ? Ou bien linéaires, unis et sans relief ?

Aussi, s'il est maintenant tout à fait acceptable de se présenter dans une soirée chic en « *complet sans cravate* », il est aussi normal de vivre une relation saine et durable sans se mettre la corde au cou (ce qui ne veut pas dire dépourvue d'attachement).

Finalement, derrière chaque cravate se cache un homme… qui ne demande qu'à être démêlé.

Aidez-le !

CHAQUE PERSONNE QUE VOUS RENCONTREZ VIT SON PROPRE COMBAT PERSONNEL ET IL SEMBLERAIT QUE POUR PLUSIEURS, ÇA SE PASSE DANS LES RELATIONS AMOUREUSES.

– NANCY

LA POULE
ET LA BASSE-COUR

Dans la vie, il y a les poules qui gloussent au premier chant du coq, et les cervelles. Ces filles « cérébrales » qui ont misé sur la partie supérieure de leur anatomie : la tête. Les poules jouent au cerveau-lent et les Cervelles se relancent à coup de disques durs. Et lorsque les deux se retrouvent dans la même pièce ? Eh bien, elles se lancent des flèches. Ouch !

La poule et la cervelle, au Théâtre du Match parfait.

La poule (le bec face à son miroir, en train de se mettre une touche de *gloss* rosé) : Ah mon Dieu ! Mais tu as vu ce coooooq !!! (*cot-cot-cot-cot-cot !)* Le torse qu'il a ! Une bombe !

La cervelle (les yeux rivés sur son BlackBerry dernier cri, en train de se moucher) : Hein, quoi ? Mais tu as fini de reluquer tout ce qui bouge ? J'essaie de me concentrer sur la pièce.

La poule : Il a un plumage de dieu. *Cooooot ! Cooooot !*

La cervelle : Chuuuuuuuuuut ! C'est le moment le plus important. Le roi va dire à sa fille qu'elle sera la seule à pouvoir lui succéder sur le trône.

La poule : Mais on s'en fout du trône. C'est le coq qu'on veut !!!!!

La cervelle : Si tu passes ta vie à miser sur les coqs, tu finiras à la basse-cour, comme pondeuse en série !!! Moi, je veux être à LA cour. C'est pour ça que toi et moi, on ne peut pas s'entendre. Tu as les ambitions aussi légères que tes plumes !

La poule : Et toi, alors ? Tu ne vois pas que ton disque dur est saturé d'information ? Tu croules sous les virus !

La cervelle : Et je suppose que Miss cocotte a un truc pour alléger ma vie ?

La poule : Tu devrais essayer de jouer au cerveau-lent !

Le cerveau-lent, aussi connu sous l'orthographe « cerf-volant » est un objet solide mais à la structure légère. Il peut s'élever dans les airs lorsqu'on le tire face au vent, mais il ne volera jamais de ses propres ailes. Ce qui ne l'empêchera pas de virevolter à la hauteur de son bonheur. Seulement, il doit accepter de ne pas être le seul à commander sa vie.

La cervelle : Jamais de la vie. Plutôt planter et redémarrer !

La poule : Alors tant pis pour toi ! Moi, je descends voir mon coq. Tu es d'un ennui mortel. Et au fait, tu sais pourquoi, dans la pièce, le roi refile le trône à sa fille ?

La cervelle : Parce qu'elle est la plus intelligente !

La poule : Non. Parce qu'il se sauve avec une autre poulette. Moi !!!

FIN.

P.-S. : Imaginez le jour où les poules auront des dents…

Rien que d'y penser, j'en ai la chair de poule !

Poc ! poc !

> L'HOMME POUR LEQUEL JE VOUDRAIS
> ME TRANSFORMER EN PUTE DE CLASSE
> N'EXISTE PAS.
> ALORS, JE ME CROISE LES JAMBES.
> – MMD

L'AMOUR
EN TAILLE UNIQUE

Cette semaine, c'est la Semaine de mode de Montréal. Donc, je ne parle pas de relations homme/femme. Et ça tombe bien car je n'ai rien à dire sur le sujet. À moins qu'on ne parle de la mystérieuse taille unique. *One size fits all*. Vous connaissez ?

Taille Unique

Dans mes périodes creuses de talons hauts, il m'arrive de me poser des questions très songées du genre : Comment une taille peut-elle s'avérer universelle et s'adresser à TOUT le monde ? Je veux dire… La coupe convient-elle réellement à toutes les formes de bourrelets ? Une taille unique s'étire-t-elle VRAIMENT à l'infini ? Et si un chapeau de taille unique est trop grand pour moi, cela signifie-t-il que j'ai une tête mutante anormalement trop petite ? Non mais… QUI possède le canevas dimensionnel des membres universels ?

Je demande ça parce qu'en fait, j'aimerais bien rencontrer ce tailleur de l'unicité et lui lancer un défi. C'est-à-dire : créer l'équivalent… amoureux. Trouver le filon magique pour élaborer une pièce de collection qui pourrait épouser la courbe de nos envies à la perfection sans risque de déchirement.

L'amour en taille unique… qui s'ajuste, se moule et nous enveloppe sans faire de faux plis. Ne serait-ce pas merveilleux ?

Une coupe parfaite conçue de matières fluides et de la plus haute qualité… Mais sans statique !

Parce que vraiment, la statique, c'est chiant.

Mais en revanche, on garde l'électricité !

Oui, l'électricité.

Le petit courant qui fait que, lorsqu'on enfile cette taille unique, elle devient subitement la plus originale qui soit. Celle qui est faite pour nous et qui peut battre à plate couture tous les morceaux qu'on a essayés auparavant. Bref, le morceau qui correspond à nos désirs les plus fous !!

Mais pour ça, il faut d'abord dessiner le patron de nos rêves...

Une autre paire de manches.

COMMENT UN VÊTEMENT PEUT-IL ÊTRE « UNIQUE » S'IL *FIT* À 36 MILLIONS DE PERSONNES ?!?
– BELLY

CŒUR, SUSHIS
ET CARAPACE MOLLE

La nouvelle tendance en
amour, c'est d'opter pour
une carapace molle.
Je m'explique.

Sasha et moi, au Maiko Sushi sur la rue Bernard, dans Outremont.

Moi : On partage une assiette de sushis ?

Sasha : D'accord. Je te laisse choisir, j'y connais rien.

Moi : Tu aimes tout ?

Sasha : Je crois, oui…

Moi : D'accord. Je fais une petite sélection.

Le serveur arrive, agrippe la feuille d'algèbre sushi « Trouvez les 1001 combinaisons de poissons possibles », regarde mes choix…

Lui : Vous voulez… huit rouleaux de crabe à carapace molle ?

Moi : C'est bien ça.

Sasha : Mais tu es folle ? Je déteste le crabe à carapace molle !

Moi : Tu m'as dit de choisir. Trop tard ! Et puis, c'est pour célébrer ta nouvelle relation.

Sasha : Et on peut savoir le rapport entre mon beau grand joueur de foot et tes HUIT rouleaux de crabe mou dégueulasse ?

Moi : *Primo*, ce n'est pas dégueulasse du tout. *Deuxio*, il y a beaucoup plus de liens que tu crois entre ton primitif homme chasseur de ballon et ces petits crustacés à qui on fait la vie dure.

Le serveur disparaît sans broncher… Les poissons de l'aquarium ouvrent leurs branchies…

Sasha : Je t'écoute…

Moi : Bon. Alors. Tu sais comment on différencie un crabe à carapace molle d'un crabe à carapace dure ?

Sasha : Non. Pas vraiment d'intérêt envers la chasse aux crabes ces jours-ci.

Moi : Eh bien, lorsque les pêcheurs vont à la pêche, ils glissent un bâton dans le trou du crabe pour le tâter. Si c'est un crabe mou, le bâton s'enfonce légèrement dans la chair…

J'enfonce mes doigts légèrement dans ses côtes pour appuyer mes paroles… Puis j'ajoute :

Moi : Sinon, ça rebondit.

Sasha : Tu pourrais m'épargner les détails physiologiques de ces pauvres bêtes que je vais manger dans quinze minutes, s'il te plaît ? Tu es aussi pire qu'un serveur qui localise sur SON CORPS À LUI la partie

d'où vient le steak fondant aux poivres que je commande sur le menu. ÇA M'ÉCŒURE !

Moi : Désolée. Mais c'est pour que tu comprennes.

Sasha : Bon. Continue.

Moi : En fait, tout ce que je veux, c'est que tu réalises que si ta relation fonctionne aujourd'hui, c'est parce que tu as troqué ta carapace dure… au profit d'une carapace molle et plus flexible. Tu as ENFIN accepté qu'on vienne tâter tes émotions, même si parfois, ça peut faire un peu mal.

Sasha (visiblement émue) : Je sais… mais j'ai peur !!!! C'est tellement réconfortant de se cacher dans une carapace bien dure sans risquer de se laisser atteindre.

Moi : Être mou est aussi une qualité. Une relation souple peut aussi mener à quelque chose de très solide !

Sasha : Oui… tu as raison. Mais toi ? Tu peux bien parler, espèce de tortue préhistorique ! Ta carapace doit faire un mètre d'épaisseur !

Le serveur revient, son plateau de crabe mou dans les mains.

Lui : Huit rouleaux de crabe à carapace molle pour mesdames… Hum… Vous êtes certaines de ne pas vouloir autre chose ?

Moi : Non… merci.

Sasha : Attendez… Vous z'auriez pas du requin marteau ???

Mon amie a besoin d'un prédateur de taille pour briser sa carapace ! ! ! !

> LA CARAPACE EST UN PEU COMME LA VIEILLE PAIRE DE JEANS USÉE QU'ON NE VEUT PAS JETER ET QU'ON REMET SANS S'EN RENDRE COMPTE, PAR HABITUDE, PARCE QU'ELLE EST CONFORTABLE.
>
> – GUY MARTIN

L'AMOUR
SANS FAIM

On dit que l'amour est
un sujet sans fin.
Moi, je trouve que sans
faim, il n'y a pas d'amour.
Je vous explique.

Mon amie Madeleine a toujours un amoureux dans sa vie. Je l'appelle « l'homme de sa vie, saveur du mois ». Elle déteste ça. Mais le plus tragique (dans le sens de TRAGÉDIE), c'est qu'elle ne sait pas quoi répondre lorsque je lui demande ceci :

Moi : Tu es en amour ?

Madeleine : Oui… enfin, je ne sais pas… je pense !

Moi : Tu penses ??? Mauvaise réponse. T'es en amour ou PAS ?

Madeleine : Bien… Comment on fait pour savoir ? C'est quoi le VRAI amour ?

Moi : Pardon ?

Madeleine : C'est quoi l'AMOUR ?

Moi : Mon Dieu, Madeleine ! Tu as faim ?

Madeleine : Hein ?

Moi : AS-TU faim ?

Madeleine : Attends, j'ai perdu le fil de la conversation. On parle de bouffe là ?

Moi : Non. D'amour !

Madeleine : Alors pourquoi tu me demandes si j'ai faim ?

Moi : Parce que c'est la base de tout. T'as pas lu le livre ?

Madeleine : Quel livre ?

Moi : *L'amour SIMPLIFIÉ et ses recettes de BASE*. Là-dedans, tout est clair. Il faut que tu lises ça !

Madeleine : Ah ouais ? C'est quoi ?

Moi : Le nouveau *best-seller* des relations amoureuses qui traite de l'Amour VS la Faim. Depuis que j'ai lu ça, j'ai compris qu'au fond, c'est suuuuuper simple l'amour.

Madeleine : Mon Dieu, un truc, *please* !!!

Moi : Bon. Dès que tu doutes de ton sentiment amoureux, tu te poses la question suivante : « S'agit-il d'une VRAIE faim ou d'une FAUSSE faim ? »

Madeleine : Et comment on fait pour savoir ?

Moi : Il faut d'abord que tu connaisses ta faim. Je dis bien TA faim. Pas la faim de l'estomac d'à côté. Qu'il mange sa poutine, tu peux garder ton pogo !

Madeleine : Yeeeerk, je hais les deux.

Moi : C'est un exemple !

Madeleine : Ah. Bon. Continue.

Moi : Ensuite, il existe trois types de faim d'amour. Il y a la faim de soirée, qui se manifeste souvent tard dans les bars (dès que tu la ressens, TU VAS TE COUCHER). Ensuite, il y a la fausse faim, qui te donne l'illusion

d'avoir faim mais qui disparaît en peu de temps. Et il y a la VRAIE faim.

Madeleine : La vraie faim…

Moi : Oui. Celle qui te tenaille l'estomac et qui te donne des faiblesses tellement c'est fort. Celle qui persiste et qui s'accentue avec le temps.

Madeleine : Un truc pour l'identifier ?

Moi : L'intensité des gargouillis. Ce sont les indicateurs de base. Mais attention ! Il y a les bons gargouillis, les fausses crampes et les chutes d'énergie… qui peuvent aussi survenir dans le cas d'une vraie faim.

Madeleine : Et si on est gourmande et qu'on a toujours faim ?

Moi : Ça revient à la règle de base. Tu es la seule à connaître TA faim. Et puis, on mange parfois par gourmandise, on se prive aussi à l'occasion, mais l'important, c'est de ne pas rester sur sa faim. Ça risque de nous gonfler à la fin.

Et les ballonnements… ça donne des pets. Du vent, tu pues ! ! ! !

> AYEZ FAIM. DÉVOREZ. BOUFFEZ LA VIE
> ET NE LA LAISSEZ PAS VOUS BOUFFER.
> – MS HAPPY

ÊTES-VOUS
ESTROGÉNIALE ?

J'ai les amies les plus extraordinaires de la Terre. Fortes, professionnelles, sensibles, épicuriennes, célibataires (pour la plupart) et, surtout, incroyablement BELLES. Tous les mecs vous le confirmeront. Le cercle de Miss Ritchie est un véritable bassin estroGÉNIAL de la féminité, qui débalance à tout coup les testoNEURONES de la gent masculine.

L'une d'entre elles s'appelle Amélie.

Longue crinière blonde ondulée, silhouette élancée et traits fins, Amélie justifie à elle seule la raison d'être du mot FEMME. Qui plus est, elle adore s'habiller en VRAIE femme. Trench, robes bustiers, talons hauts, rouge à lèvres Marilyn… Le genre de truc que les filles regardent dans les magazines en se disant : « Beau sur elle, mais pas pour moi ! » Or, Amélie est célibataire depuis… un moment. Sans raison ! Elle fait seulement partie de ce groupe de femmes « canon-croqueuses-d'hommes » qui se fait toujours dire la phrase tue-moral : « Mais je ne comprends vraiment pas pourquoi tu es célibataire ! »

Aussi, je suis tombée de mon tabouret du P'tit Conti lorsqu'elle m'a lancé ceci : « J'ai décidé de m'habiller moins femme. »

Scan express : elle porte de superbes boucles d'oreilles dorées, des bottes hautes en cuir noir, jeans ajustés et chandail asymétrique très mode qui laisse entrevoir ses jolies épaules…

Moi : Mais je te trouve 100 % femme ce soir.

Amélie : Pas ce soir… Mais en général.

Moi : Et on peut savoir pourquoi ?

78

Amélie : Je fais peur aux hommes. Ils n'osent pas m'aborder !

Moi : Et alors ? C'est parce que ce ne sont pas les bons ! Tu parles d'une idée !

Amélie : Oui… mais… je vais quand même faire un effort de non-féminité. Ça permettra ainsi aux gars plus timides de découvrir la fille que je suis, en dehors de mon apparence.

Moi : Je suis CONTRE. Justement, en m'habillant ce soir, je me suis dit exactement le contraire. Au diable les jugements et les hommes qui me trouvent *too much*, j'assume mes bottes en vinyle rouge, mon trench en satin et mon foulard léopard… Et puis tiens, pourquoi pas un *smoky eye* et un super chignon semi-décoiffé-sophistiqué ? La totale, quoi !

Amélie : Je sais… On se ressemble beaucoup à ce point de vue. Mais bon. On est célibataires aussi !

Moi : J'avoue que c'est assez rare qu'un homme m'aborde… Beaucoup de regards, mais pour le reste, j'accumule les compliments « post-datés » du genre : « J'ai croisé un mec qui t'a rencontrée en janvier… Il est complètement fou de toi. » Et là, on est rendus fin avril… Il pense mijoter sa folie-de-moi très longtemps ?

Amélie : Justement. Si tu avais eu l'air un peu plus relax…, c'est certain qu'il t'aurait abordée !

Moi : Si j'avais eu l'air d'une fille que je ne suis pas, il n'aurait pas été charmé par la bonne personne. Le bon verra ce *look* comme une plus-value. Je refuse de faire un effort de non-féminité pour me mettre au niveau de ladite timidité masculine.

Amélie : Tu as raison.

Moi : Oui.

Amélie : Soyons femmes.

Moi : Oui. Soyons de VRAIES femmes ! Au fait, tu as regardé le match de hockey hier soir ?

> LES GENS QUI SAVENT CE QU'ILS VEULENT ET SONT DÉTERMINÉS À L'OBTENIR RESTERONT TOUJOURS LES PLUS SOUHAITABLES AVEC QUI BÂTIR UNE ÉQUIPE.
>
> — BIKERPIERRE

BIG SHOT
RECHERCHÉ

L'homme de notre vie ne correspond pas toujours à notre liste d'épicerie. Aussi, j'adore demander aux filles d'énumérer leur barème de « prérequis » chez l'homme qu'elles recherchent.

Dernièrement, j'ai croisé une copine de longue date. En la regardant, je me suis souvenue que plus jeune, son rêve était d'avoir une belle bague au doigt. Constatant que son annulaire était toujours vide, je lui demande :

Moi : Alors, tu as trouvé ton prince charmant ?

Elle répond : Non... pas encore. Je cherche le *Big Shot* !

Moi : Et c'est quoi, exactement, ta définition de *Big Shot* ?

Portrait type du *Big Shot* de mon amie :

Le genre de gars qui s'est réalisé professionnellement (il fait du *cash* en masse), qui roule dans une voiture qui *flashe* (style BMW), qui a un beau *look* (à la Holt Renfrew) et qui agit en gentleman. Ensuite, son *Big Shot* idéal (*alias* Superman) doit aimer voyager dans les grandes villes du monde (New York, Paris, Londres, Tokyo, Rio, etc.).

Encore mieux, il a de la famille ou des amis à l'étranger à qui il rend visite quelques fois par année. Pour relaxer les week-ends, il devra posséder un chalet (sur le bord de l'eau) dont la grande baie vitrée devra faire face au soleil levant (idéal pour le yoga). Selon ses critères, il doit aussi impérativement payer l'addi- tion (sinon flushé-sur-le-champ), ouvrir la portière et (en plus-value) remarquer son nouveau *gloss* ultra scintillant. De plus, le monsieur en question doit être idéalement charmeur et intelligent, bien parler et être habile de ses mains une fois sous la couette... Sans oublier son physique « plus-que-parfait » constitué d'un *six pack* bien découpé et de fesses au joli « petit creux ». Évidemment, il ne prend pas de place dans le lit, ne ronfle pas, ne pète pas et ne rouspète jamais !

Et elle ajoute : La base, quoi !

Six mois plus tard, je la croise avec son nouveau mec, plus rayonnante que jamais ! Elle me dessine le portrait : il vient du même patelin qu'elle, roule en Mazda 3, projette de s'acheter un petit condo et planifie un *roadtrip* à Hampton Beach... Ensemble, ils filent le parfait bonheur.

La réalité est parfois si charmante !

UN *BIG SHOT* C'EST BIEN,
UN *REAL SHOT* C'EST MIEUX.
– SIR ROBERT

LE SEXE
EN CONSERVE

Combien de temps faut-il faire
languir les hommes pour ne pas se
faire jeter à la troisième bouchée ?
Devrait-on se préserver, se mettre
en conserve pour émoustiller les
papilles de notre bien-aimé ?

Un de mes amis, Scott, sort avec une fille depuis bientôt deux ans. Il est beau, jeune, charmant... Elle, blonde, fabuleuse et pétillante. Sur photo, ils s'embrassent, sur photo, ils s'enlacent, sur photo, tout est beau... et à les voir tous les deux aussi délicieux, on s'imagine qu'au lit, les ébats doivent être succulents ! Mais récemment, après quelques coupes de champagne, il m'a avoué ceci...

Scott : Tu vas rire de ma vie sexuelle.

Moi : Et pourquoi ?

Scott : Ma copine et moi...

Moi : Quoi ?

Scott : Nous n'avons jamais couché ensemble.

Gorgée de travers... étouffement... bulles dans le nez... Hip !

Hoquet post-traumatique.

Moi : Tu peux répéter s'il te plaît ? Je crois que j'ai mal compris.

Scott : Nous n'avons jamais fait l'amour.

Moi : Mais attends... Je ne comprends pas... Depuis deux ans, vous n'avez JAMAIS couché ensemble ???

Scott : Non.

Moi : Et pourquoi ????

Scott : Elle veut attendre.

Moi : Attendre quoi ?

Scott : Je ne sais pas…

Moi : Le mariage ?

Scott : Oui… je crois…

Moi : Et tu veux te marier avec elle ?

Scott : Je ne sais pas…

Moi : Comment… Tu ne SAIS PAS et tu attends malgré tout ?

Scott : On a une super chimie. On fait d'autres choses… mais pas ça. Mes amis pensent que je suis fou. Tu crois que je suis fou ?

J'étais sous le choc… sidérée… confuse… un brin pompette ou pompée… je ne sais plus. Mais j'ai vidé ma coupe d'un trait (hoquet puissance 10), l'ai remercié de sa confidence et, prétextant une obligation majeure du genre « c'est l'heure d'aller promener mon poisson rouge », je me suis sauvée chez mes amies…

Les fiiiiilles ! MEETING D'URGENCE.

Je leur ai déballé l'histoire si vite qu'elle se sont mises à avoir le hoquet. Elles aussi...

Moi : Vous pensez qu'il est fou ?

Tania : Moi, je crois que c'est elle qui est intelligente.

Moi : Intelligente ?

Tania : Oui. La preuve, c'est que dès que tu couches avec un gars, souvent, il ne te rappelle pas. Il a eu ce qu'il voulait. Lorsque tu fais attendre un homme, il voit en toi une femme respectable et c'est la seule façon de devenir la femme de sa vie, la mère de ses enfants.

Chloé : Moi, je trouve ça bizarre... Je suis d'accord pour attendre un peu, se laisser désirer, mais se mettre en conserve si longtemps, c'est complètement désuet ! Et puis... si elle ne goûte à rien d'autre, comment fera-t-elle pour savoir si c'est vraiment bon ? Comment fera-t-elle pour apprécier, comparer, saliver pour lui toute sa vie ? C'est bien beau se mettre en boîte pour garder un homme, mais à quel prix ? Se priver soi-même ?

Mon hoquet avait disparu... mais une question me brûlait les lèvres.

Et si elle avait raison de se sceller sous vide pour garder toute sa fraîcheur ? Se préserver pour ne pas moisir seule au rayon des femmes frigides surgelées ?

Et si s'abstenir était une incommensurable source de plaisir ?

LE TOUCHER ET LES CARESSES,
LA SENSATION QU'APPORTE L'ACTE
SONT D'AUTRES FAÇONS DE DIRE
« JE T'AIME ». APRÈS TOUT… ON DIT
BIEN « FAIRE L'AMOUR » !

– VAYNE

LE BUT

DU BUTIN

Il y a la bague. Que bien des filles espèrent. Certaines ont même déjà l'idée du nombre de « dits amants » qu'elles auront plus tard. Certaines aspirent à la perle rare, polie à la perfection. D'autres rêvent de bijoux de fantaisie, en marge des paramètres standards.

Seules quelques aventurières font encore la chasse au trésor…

C'est ce que Catherine et moi avons découvert lors de notre escale annuelle à la boutique Oz bijoux, sur la rue Saint-Denis.

Catherine : Je suis allée manger avec un mec hier.

Moi : Ah oui ? Sympa ?

Catherine : Oui… le gars super intéressant, cultivé, sensible, attentionné…

Moi : Mais ?

Catherine : Mais j'en ai marre de tomber sur des mecs qui n'ont pas un rond ! J'ai envie de me faire gâter… de me faire inviter à souper, offrir des bijoux. Tout ça !

Moi : Je vois. Moi aussi, j'adore le champagne !! Mais tu sais, se faire acheter… c'est de la parure. De l'amour en toc !

Catherine : Tu crois ? Je ne sais pas… Je vois de mes copines qui voulaient rencontrer un homme riche, et c'est ce qu'elles ont fait.

Moi : Et elles sont heureuses ?

Catherine : En apparence… oui.

Moi : Tu vois ces boucles d'oreilles longues avec des anneaux en argent et des perles blanches à l'intérieur ?

Catherine : Oui, elles sont magnifiques !

Moi : Oui. Eh bien, je les ai mises l'autre soir pour aller prendre un verre au Baldwin. Et tu sais ce qu'un gars m'a dit, totalement gratuitement ?

Catherine : Non, mais je crois que je vais le savoir !

Moi : Il m'a dit : « Tu ne devrais pas mettre ces trucs qui pendouillent. Tu vas avoir des lobes de vieille mémé plus tard ! Je pourrais t'offrir de bien plus jolis diamants… si tu voulais qu'on soit amants. »

Catherine : Pardon ? Il a dit ça ?

Moi : Mot pour mot ! Traumatisant.

Catherine : Oh, tu as vu ces pierres ? La façon dont elles captent la lumière… c'est magique !

En joaillerie, on sait reconnaître la qualité d'une pierre précieuse à la façon dont elle est taillée. Si elle est de bonnes proportions, la lumière se reflète d'une facette à l'autre et ressort par le dessus, ce qui la met encore plus en valeur.

Un amour véritable devrait, à mon avis, se reconnaître de la même façon.

La preuve, ce week-end, j'ai complimenté une femme, radieuse, qui portait à son cou un magnifique collier en argent.

« C'est mon mari qui me l'a offert pour mon cinquantième anniversaire ! »

À cet instant, j'ai détourné mon regard pour observer l'homme en question.

Le sourire qu'il avait ! Je me suis alors demandé, finalement, lequel des deux était le plus fier de mon commentaire…

C'était le bijou.

Aussi lumineux que leur regard amoureux.

> UN TRÈS GRAND NOMBRE D'INDIVIDUS NE VOIENT PAS LEUR BEAUTÉ INTÉRIEURE ET NE SAVENT PAS À QUEL POINT ILS SONT DES ÊTRES FORMIDABLES. UNE PERSONNE QUI S'AIME, QUI S'ESTIME, QUI CONNAÎT SA PROPRE BEAUTÉ EST NATURELLEMENT OUVERTE ET SENSIBLE À LA BEAUTÉ DES AUTRES.
>
> – LE TROUBLE-FÊTE

POSEUR
DE LAPIN

Pour une fille, se faire poser un lapin est l'une des choses les plus humiliantes qui soit (l'inverse est aussi véridique). Dans la jungle de la séduction, les célibataires en rut devraient donc avoir le droit de braconner les poseurs de lapin.

La semaine dernière, ma grande amie Sophie était toute chaude à l'idée d'aller luncher avec Étienne, son nouveau chaud lapin.

Un chaud lapin est un homme porté sur les plaisirs sexuels. Une mère lapine, elle, est une femme très prolifique, qui a besoin d'un chaud lapin pour proliférer.

Moi : Vous mangez où finalement ?

Sophie : Après une longue partie de « courriels ping-pong », on a finalement décidé d'aller au Local, un nouveau resto branché dans le Vieux-Montréal. On s'est donné rendez-vous à 13 h.

Moi : *Cool*. Donne-moi des *news* ! !

13 h 45. Dans mon *inbox*...

Sophie : Il m'a posé un lapin ! ! !

Moi : Hein ? Comment ça ? Il ne s'est pas pointé ?

Sophie : NON ! Quelle honte ! Une chance que j'avais un peu de boulot à faire...

Moi : Il a sûrement une bonne raison... Je ne peux pas le croire ! !

Sophie : Non. C'est un poseur de lapin, point !

Selon la définition du *Petit Robert*, le lapin est un petit mammifère à très longues oreilles, à petite queue et

96

qui est répandu sur tout le globe. Les poseurs de lapin, eux, sont tout aussi bêtes et présentent sensiblement les mêmes caractéristiques.

Deux jours plus tard, dans mon *inbox*...

Sophie : Il vient de me répondre !

Moi : Qu'est-ce qu'il dit ?

Sophie : Que ça lui est complètement sorti de la tête à cause du boulot. Et là, il ajoute : « *Je devais être libre et je ne l'ai pas été. Ma faute ! Parce que je n'ai pas mis ça à l'agenda. Je ne voulais pas te faire ça ! Tu aimes les fleurs ? Le chocolat ?* »

Moi : Après trente et un messages à échanger sur l'endroit, ça lui est sorti de la tête ? Et il te propose des fleurs et du chocolat ? Il y a anguille sous roche... C'est impossible.

Sophie : Lapin dans le terrier serait plus approprié ici...

Moi : Bon point.

Sophie : Je lui réponds quoi ?

Avant de jeter l'éponge et de proclamer « Les carottes sont cuites ! » (traduction : *tout est fini, tout est perdu*), on peut toujours lancer une dernière carotte à un poseur de lapin d'expérience.

Moi : Dis-lui que tu le remercies, mais qu'il n'est malheureusement pas de taille. Ensuite, demande-lui sa recette.

Sophie : Quelle recette ?

Moi : Sa recette de petit gibier.

Qui veut de la terrine ?

> AUX FEMMES QUI AIMENT LES CHASSEURS : UN CHASSEUR VEUT CHASSER ET NON DEVENIR SÉDENTAIRE. S'IL LE DEVIENT, IL SERA ALORS UN CHASSEUR RETRAITÉ... TRÈS DIFFÉRENT DE CELUI QUI VOUS AURA SÉDUITE.
>
> – MPM

LE LIMBO *LOVE*

Que fait-on lorsque la barre de
nos attentes amoureuses est
rendue trop haute? Et comment
savoir si elle est trop basse?
Existe-t-il quelqu'un d'assez souple
pour se plier à notre « limbo barre
d'attentes » ? Et si l'amour
nécessitait quelques
contorsions ?

Les célibataires vous le diront. Vos amis vous le diront. Vos parents vous le diront. L'amour est une question de flexibilité. Le hic, c'est que plus les échecs amoureux s'accumulent, plus les muscles se contractent et moins on arrive à faire le pont pour se laisser aller dans une nouvelle relation. La nouvelle solution ? Le Limbo LOVE. Attention !

Claude et Liliane au restaurant Grange Vin + Bouffe, dans le Vieux-Montréal.

Claude : Alors, Lili, tu fréquentes quelqu'un, ces temps-ci ?

Lili : Non… mais ce ne sont pas les occasions qui manquent.

Claude : Tu es donc seule par choix ?

Lili : J'ai horreur de cette question. Comme si on était seul par choix !

Claude : Mais bien sûr que c'est un choix… Tu dis que ce ne sont pas les occasions qui manquent, donc, tu fais le choix de rester seule, non ?

Lili : NON. C'est parce que je n'ai pas encore trouvé la personne qui correspondait à tous mes critères. C'est tout.

100

Claude : Peut-être mets-tu la barre trop haute ? Tu sais, on ne peut pas TOUT avoir dans la vie.

Lili : Foutaise ! Et puis, c'est quoi, une barre trop haute ? Je refuse de baisser la barre de mes attentes pour me plier à la pression du statut de couple bidon.

Claude : Mais tu sais, le temps passe et depuis ta dernière relation, il y a quatre ans…

Lili : Pas obligé de me le répéter… Je le sais que ça fait quatre ans ! ! !

Claude : Donc, depuis ta rupture avec Sébastien, chaque fois que je te vois, tu es seule…

Lili (le regard un peu triste) : Je sais… Tu penses que je suis trop exigeante ? Que je devrais choisir un homme qui a une simple « note de passage ». Tu me connais, j'ai toujours été première de classe, et en amour, c'est la même chose. Je veux un 100 % de satisfaction. Rien de moins ! Et depuis Sébastien… Je sais ce que je veux, et surtout ce que je ne VEUX PLUS. Je suis catégorique et c'est non négociable.

Claude : Tu devrais prendre quelques cours de Limbo LOVE. Ça t'aiderait !

Lili : Limbo quoi ?

Le limbo est une sorte de danse qui consiste à passer sous un bâton, parfois enflammé, placé de plus en plus près du sol, sans jamais le toucher.

Le Limbo LOVE est tout aussi périlleux et demande une grande souplesse d'esprit. Le but est d'arriver à placer la barre à la hauteur de notre cœur, pour que les flammes nous atteignent, sans nous brûler.

Il faut savoir plier en souplesse… tout en respectant le rythme de nos envies.

Car une chose est claire. À trop redouter les tours de rein…, on risque de se retrouver sans rien.

Point barre !

NE PAS MESURER LA BARRE C'EST MARCHER LES YEUX BANDÉS. METTONS LA BARRE HAUTE, ET SOYONS DIGNES DE CETTE HAUTEUR.

– MARIANNE

UN BAIN
DE SANGRIA ?

Un petit 5 à 7 romantique peut brusquement se terminer en 10-4 pathétique par un simple problème de transfusion sanguine (aussi appelé communication).

La semaine dernière, je me trouvais sur la très élevée terrasse de l'hôtel Place d'Armes à siroter un mojito aux framboises lorsque j'ai assisté à cette scène particulièrement palpitante.

1. Le pouls.

Lui, il a le *look* « prospère homme d'affaires », ce qui ne veut rien dire en soi. Si ça se trouve, il est boucher (d'ailleurs, il semble avoir besoin de chair fraîche). Il est vêtu d'un veston-cravate Hugo Boss, porte des lunettes Prada, se parfume au *Allure* de Chanel. Elle, elle a le *look* « trop tout ». Trop de *makeup*, trop de parfum, robe trop courte, talons trop hauts… Et puis, elle parle trop fort.

Ensemble, ils sirotent un pichet de sangria… et tentent l'ultime transe-fusion.

2. La veine fuyante.

Elle : Tu n'as pas répondu à mon appel hier.

Lui : Non… J'étais occupé.

Elle : Tu faisais quoi ?

Lui : J'attendais un courriel important.

Elle : Parce que M. Business ne peut pas répondre à son téléphone lorsqu'il attend un courriel !

Lui : C'était *très* important.

Elle : Et on peut savoir de quoi il s'agissait ?

Lui : J'attendais un courriel de mon ex.

Elle : Ton ex ?

Lui : Oui.

Le pouls s'accélère, les vaisseaux se dilatent… La sangria fait volte-face et là survient :

3. L'hémorragie.

Elle : Bon sang ! Tu aurais pu me le dire plus tôt !

Lui : De quoi ?

Elle : Que tu avais envie de reprendre avec ton ex !!

Lui : Mais je ne veux pas reprendre avec elle !

Elle : Je le savais depuis le début ! Salaud ! Tu es bien comme tous les autres !

Lui : Mais attends… il faut que je t'explique.

Elle : Non ! J'en ai assez entendu !

À cet instant, elle se lève, se dirige droit vers le serveur, l'agrippe par le col et, sans même lui laisser l'occasion de protester, l'embrasse violemment.

Puis elle s'essuie la bouche du revers de la main et revient s'asseoir.

Lui : Mais qu'est-ce que tu viens de faire là ?

Elle : J'avais envie de me défouler.

Lui : Mais tu es complètement folle !

Elle : Pas du tout. Tu flirtes avec ton ex, je flirte avec le serveur. On est quitte !

Lui : Mais je n'ai jamais flirté avec mon ex !

Elle : Tu faisais quoi alors ?

Lui : J'attendais qu'elle m'envoie les papiers du divorce…

Sang pour sang !

> IL Y A UNE DIFFÉRENCE ENTRE L'ART D'ENTRETENIR L'INTÉRÊT ET L'ART DE BLUFFER. L'UN NOUS ENTRAÎNE ET L'AUTRE NOUS FAIT SENTIR MANIPULÉ.
> – BIKERPIERRE

L'AMOUR
EN CINQ TEMPS

Aller à la rencontre d'une nouvelle personne, c'est comme passer un entretien pour un nouveau job. Une de mes copines françaises qui vit à New York, Naila, m'a d'ailleurs expliqué que dans la Grosse Pomme, toutes les filles devaient respecter la règle des cinq rendez-vous galants.

5, 4, 3, 2, 1...

Lieu : le Rose Bar, du Gramercy Park Hotel, New York.

Drink : Veuve Clicquot rosé.

Ambiance : chic, feutrée avec un parfum enveloppant de feu de cheminée (signé le Labo Fragrance). Top luxe !

La conversation.

Moi : Alors, tu t'es trouvé un mec à New York ?

Naila : Non… Je n'ai pas encore franchi le cap des cinq rendez-vous.

Moi : Cinq rendez-vous ?

Naila : Oui. Les cinq *dates* réglos avant d'avoir le statut d'exclusivité.

Moi : Mais on s'en fout des règles !

Naila : Justement. Ici, non. Et j'ai mis trois ans à comprendre le principe ! Au début, je m'en foutais, mais j'ai finalement compris que si je voulais dégoter le *chum* parfait, il fallait que je postule selon les normes de la capitale.

Moi : Alors… Explique ! Comment ça marche ?

Naila : En fait, c'est très simple. La première *date*, c'est l'entrevue. Comme pour un boulot. On pose les questions de base du genre « *tu recherches quoi, tu veux te marier, des enfants, etc.* »

108

Moi : Quel romantisme !

Naila : Ouais… Je sais. Mais bon. On doit passer par là.

Moi : Et ensuite ? Un petit bisou ?

Naila : Non. Jamais le premier soir. Mais en même temps, il faut être très *flirty*… Mais pas trop non plus. Bref, tu dois lui donner le goût de te revoir, mais aussi de te respecter. Et surtout, ne pas avoir l'air de la fille facile ni de la sainte-nitouche… Bref, donner l'impression que tu es un bon coup, sans dévoiler tous tes atouts.

Moi : Je vois… Complexe. Le jeu du chat et de la souris, quoi !

Naila : Exactement. Deuxième rendez-vous, on a le droit de s'embrasser. Mais hé, ho ! Pas trop d'espoir ! Il faut attendre cinq *date* pour avoir le statut d'exclusivité. J'ai déjà croisé un « quatrième rendez-vous » avec une autre fille et qui m'a dit : « *Ben quoi ? On n'était pas encore rendu à cinq !* »

Moi : Sympa ! Donc si je comprends bien, tout le monde a un processus de *date* en cours, mais l'étire pour rester sur le marché le plus longtemps possible, sans s'engager.

Naila : New York, c'est ça. Et vous, à Montréal, comment ça fonctionne ?

Moi : Nous ? Bah… C'est plutôt la règle de trois.

Naila : Trois quoi ?

Moi : Les trois services. L'entrée, le plat, le dessert. Ensuite, si on ne fait pas d'indigestion, on passe au digestif. Cul sec !

Naila : Ah bon… Et tu es rendue là ?

Moi : Non… J'ai même pas encore fini de lire le menu !

> ON NE VA PEUT-ÊTRE PAS AUSSI VITE QU'UN COUPLE QUI N'A PEUR DE RIEN MAIS POUR MOI, PASSER OUTRE SES PEURS EST UN SIGNE D'ENGAGEMENT ET D'AMOUR.
> – CHATOUILLE

LE COUPLE EN
JE-NOUS FLEXION

La semaine dernière, ma copine s'est réveillée avec le genou barré. Incapable de bouger. Tordue de douleur. Ça lui arrive souvent, mais cette fois, c'était criant.

Lundi matin, 9 h. Mon cell vibre sur le bureau.

Bvvvvvvvvvv ! Bvvvvvvvvvv ! Bvvvvvvvvvv ! (Bruit de vibration sur une table en verre, version XXD. Xtra-Xtra-dérangeant.)

Mes collègues tournent leurs yeux bouffis du lundi vers moi... Je les ai dérangés dans leur corvée matinale aussi appelée : la gorgée de café.

Désolée...

Moi : Allô ?

Tib : Au sécours !!!!!!!

Moi : Qui parle ?

Tib : C'est Tiiiiiiiib !!!!!!

Moi : Tib, cocotte, ça va ?

Tib : Nooooooon ! Yé suis sur les rotules !!!! (Son accent est trop mignon. Elle est Brésilienne.)

Moi : Comment ? Encore ?

Tib : Oui ! Mon JE-NOUS est en phase terminale... Je ne peux plus avancer dans cet état.

Moi : Mon Dieu... Et tes exercices de génuflexion, alors ?

La génuflexion est l'action de fléchir le JE-NOUS.

Tib et moi avons adopté cette expression pour parler de sa relation avec Monsieur Dull. Un manque de flexion du JE-NOUS pouvant mener à certains dérobements, être sur les rotules signifiait donc que sa relation était dans un état TRÈS critique. En d'autres mots, elle était sur le point de sauter la clôture... et courait un grand risque de fracture.

Moi : Et ton génuflecteur, alors ?

Tib : Justement, M. Dull veut que j'arrête de le voir. Il dit que ça empoisonne notre existence parce que tous les jours, j'arrive avec de nouveaux exercices à faire à la maison.

Les génuflecteurs sont des spécialistes en JE-NOUS flexion.

Ils nous apprennent à plier pour ne pas rompre... Flancher pour mieux fléchir. Les génuflecteurs considèrent que retrouver une certaine autonomie du JE-NOUS et redessiner la courbe de nos rotules respectives favorise la flexibilité du couple. C'est une pratique très avant-gardiste.

Ils savent aussi comment flatter l'*ego* des femmes prises dans une relation sans rotation.

Moi : Et si tu demandais à M. Dull de prendre la relève de ton génuflecteur et de faire les exercices avec toi ?

Tib : Ça l'énerve, il préfère jouer à sa Wiiiiii machin.

Moi : Justement, j'ai joué la semaine dernière. Tordant, ce truc !

Tib : Moi yé horreur de ça.

Moi : Ah. Et M. Dull ne veut VRAIMENT rien savoir ?

Tib : En fait, le problème, c'est aussi mon génuflecteur…

Moi : Ah non ! Tib…

Tib : Quoi ?

Moi : Qu'est-ce que je t'avais dit ? Tu ne DOIS PAS t'attacher à lui ! C'est un outil pour remettre ta relation sur pied, rien de plus !

Tib : Je sais mais…

Moi : Quoi ? Ne me dis pas que tu as fait TOUS les exercices ?

Tib : Si.

Moi : Nooooon.

Tib : Si.

Moi : Nooooon.

Tib : SI !!!!!

Moi : Même celui des jambes en l'air ???

Tib : *Mamma mia* !!!! C'était le pied !!!!

Voilà ce qui arrive à un couple qui ne se serre pas les coudes…

Meeting !

> JE VIS AVEC MON AMOUR DEPUIS 25 ANS. ENSEMBLE, ON A DEUX ENFANTS. ON N'A JAMAIS PARLÉ D'ENGAGEMENT ET ON NE S'EST JAMAIS MIS DE PRESSION. ON TRAVAILLE TOUJOURS À SE PLAIRE ET À SE DÉSIRER. ON VIT COMME SI ÇA ALLAIT FINIR DEMAIN.
> – ÉDITH

LE RÉGIME
KILOS LOVE

Il y a des périodes (surtout en début d'année) où il est très positif de vouloir perdre quelques kilos… y compris en amour. Et c'est là tout le défi du régime Kilos LOVE : perdre nos boulets en trop… pour arriver à un poids cœur santé.

Sévrine et moi, dans un cocktail à la Place des Arts de Montréal… une coupe de champagne Laurent-Perrier à la main.

Le serveur s'approche de nous, un premier plateau à la main : « Petits rouleaux d'abricot et de brie fondu au four… »

Sévrine : Non merci.

Moi : Hum… pourquoi pas !

Sévrine : Je me trouve obèse.

Moi (en flagrant délice de brie fondant) : Rgup ! Moi aussi, j'ai trop mangé pendant les fêtes.

Sévrine : Mais tu es mini !

Moi : Non ! J'ai des gros bras.

Sévrine : Mais arrête avec tes bras ! Tu as la taille la plus petite de l'univers…

Moi : Oui. Assortie à de jolis bourrelets de coude.

Sévrine : C'est ça, et moi j'ai des doubles talons.

Le serveur : « Dumplings de crevettes interprétés façon thaï… »

Sévrine : Non.

Moi : Si vous insistez…

Moi (à Sévrine) : À part le fait que tu préfères avoir l'estomac dans les talons pendant que je mange ces exquises petites bouchées… comment vont les amours ?

Sévrine : Je fais une indigestion de rencontres sans saveur et sans goût. Plus fade que ma vie amoureuse, tu meures ! ! !

Moi : À ce point ?

Sévrine : Tous des cons ! Ils ne me rappellent jamais, me font des promesses en l'air, s'habillent comme la chienne à Jacques. Pareil comme mon ex !

Moi : Ton ex s'habillait comme la chienne à Jacques ?

Sévrine : Au début, oui… À la fin, j'avais réussi à domestiquer son style. Heureusement !

Moi : Ah…

Sévrine : Vraiment, j'en ai soupé des échecs ! Ça pèse à la longue.

Moi : Tu devrais suivre une cure Amour-grisante.

Sévrine : C'est quoi ça ?

Moi : Le nouveau régime Kilos LOVE à la mode.

119

Sévrine : Ah ouais ? Comment ça fonctionne ?

Moi : Même principe que les régimes amaigrissants… mais version LOVE. Donc, au lieu de perdre des kilogrammes, tu perds des kilos-drames. Je te jure. En deux jours, on se sent déjà plus légère !

Sévrine : Sans blague !!! Et qui décide si on a perdu ou non ?

Moi : Le pèse-personne.

Sévrine : Qui ?

Moi : Le pèse-personne. Tu le rencontres une première fois et là, il détermine le nombre de kilos-drames que tu dois perdre pour que ton cœur soit rebalancé. Ensuite, il s'attaque aux boulets.

Chez le cheval, le boulet est l'articulation de l'extrémité inférieure de l'os canon, situé juste au-dessus du paturon.

Vous savez, le petit machin qui dépasse juste en haut du sabot et dans lequel les chevaux S'ACCROCHENT tout le temps en trottant ?

Bon.

Chez l'homme (et la femme), le boulet est ce petit machin énervant qu'on traîne d'une relation à l'autre et sur lequel on finit toujours par ACCROCHER.

120

Sévrine : En effet, j'ai sûrement quelques boulets à perdre… et les poignées d'amour alors ?

Moi : PAS TOUCHE !!!!

Sévrine : Ah non ? Comment ça ?

Moi : C'est la règle de BASE.

Mieux vaut avoir des TONNES de poignées d'amour… qu'une vie SANS gars transe !

> LES SEULS BOULETS QUI NOUS PÈSENT SONT CEUX QU'ON S'ACCROCHE SOI-MÊME.
> – JOJO

CŒUR, PASSÉ, CISEAUX !

Mon amie, Hirsute, s'enchevêtre toujours dans des histoires d'amour qui ne mènent à rien. Pour la simple et bonne raison qu'elle a du mal à couper les liens avec ses relations passées.

Hirsute et moi, au très hip Salon Hed, à Montréal.

Hirsute (la tête sous le gros séchoir en forme d'extraterrestre) : Et dire que j'étais à un cheveu près !

Moi (en train de feuilleter un magazine d'inspiration *has been*) : À un cheveu de quoi ?

Hirsute : J'y étais presque ! Je l'avais, il était à moi !

Moi : Mais de qui tu parles ?

Hirsute : De Bob !!!

Moi : Bob ?

Hirsute : Le mec qui me fait perdre la tête… Celui qui a la carrure d'un dieu. Tu te souviens ?

Moi : Vaguement… Mais bon. Pourquoi tu l'as perdu au juste ?

Hirsute : Parce que j'avais la tête ailleurs au moment où j'aurais dû n'avoir d'yeux que pour lui… Mon ex, Frangy, a débarqué chez moi comme un cheveu sur la soupe samedi dernier.

Moi : Hum… je vois.

Hirsute : J'ai rechuté…

Moi : Détail superflu. J'avais deviné.

Hirsute : Le hic, c'est que Bob l'a appris. Du coup, il m'a laissée et il ne veut plus jamais me voir.

Moi : Tu as le syndrome de l'échevelée au passé éméché, ma chère ! Il va falloir que tu coupes dans tes anciennes relations pour avoir accès aux *rallonges relationnelles*. Sinon, tu vas caler horriblement et tu deviendras une chauve finie !

Au même instant, le coloriste (mi-homme, mi-femme) arrive pour voir si les mèches sont à point. Il soulève quelques papiers d'aluminium. « Encore cinq minutes et c'est prêt, ma cocotte. »

J'enchaîne.

Moi : Chez les renommés Coiffeurs de Cupidon, on dit que : « Pour avoir la coupe de l'heure (*alias* un couple sans leurre), il faut savoir couper dans le passé. C'est-à-dire *mettre les ciseaux dans les relations tordues* qui finissent en bataille et dont les rechutes sont dommageables pour la santé. »

Hirsute : Mais comment on fait pour couper ? Je suis incapable !

Moi : Tu fais une métamorphose !

Métamorphose est un mot d'origine grecque composé du préfixe *meta* qui signifie « ensuite » et de *morphe*, qui signife « la forme ».

125

La question est donc : quelle forme veux-tu que prenne ta relation ? Et surtout, à quelle suite aspires-tu ?

C'est la seule façon d'arriver à un résultat en bonne et due forme.

Moi : Alors, tu veux quoi ?

Hirsute : Un amour qui décoiffe... Passe-moi les ciseaux !!!

LE RESPECT EST LA CLEF POUR OUVRIR
LA PORTE D'UNE BELLE COMPLICITÉ.
– JACK

L'AMOUR EN
DENTS DE SCIE

En couple, plusieurs personnes se retrouvent dans une relation en dents de scie. C'est d'ailleurs souvent ce qui arrive aux filles qui pratiquent la pêche aux poissons « si ».

Priscilla et moi, au restaurant Laloux, sur l'avenue des Pins, à Montréal.

Priscilla (la tête plongée dans le menu) : T'as envie de quoi ?

Moi : Je suis certaine que la bavette est sublime mais je pense plutôt à un petit poisson tout fin... genre l'aiglefin. Toi ?

Priscilla : PAS de poisson pour moi ! ! ! ! !

Moi : Comment ça ? Tu adores le poisson, non ?

Priscilla : Non. Plus maintenant. J'ai banni le poisson de ma vie.

Moi : Ah bon ? Depuis quand ?

Priscilla : C'est mon nouveau régime détox « poisson SI ».

Moi : Détox poisson scie, quel rapport ?

Priscilla : Du poisson « si ». S-I. Pas S-C-I-E.

Moi : Sans vouloir t'offusquer, dans une bouche normale qui ne zozotte pas à outrance, les deux mots sonnent de la même façon.

Priscilla : Non. Il y a une nuance... au niveau des dents ! Dans le « si » (S-I), le son est toujours plus étiré

« siiiiiii » et donc plus ÉNERVANT. Le « scie » (S-C-I-E) coupe sec. Clac ! Terminé.

Moi : Ah bon. Et c'est pour ça que tu arrêtes de manger du poisson ?

Priscilla : Non. En fait, c'est pour réenligner mes pêches amoureuses dans une meilleure direction. Et pour ça, je dois éliminer complètement les « poissons SI » de mon existence. Et aussi consommer avec modération les poissons SCIE, plus respectables. Je t'explique.

Moi : Vas-y !

Priscilla : J'ai toujours été attirée par les « poissons SI ».

Les « poissons SI » représentent la pêche ultime, le mâle que toutes les filles rêvent de voir pendu à leur hameçon, quitte à aller le chercher avec les dents même de l'autre côté du rivage…

Or, le défaut des « poissons SI », c'est justement le SI ! « Si j'étais plus vieux, si j'étais plus jeune, si j'étais célibataire, si j'étais prêt, si je t'aimais… siiiiiiiiiii. »

Moi : Je vois, le fameux souci du si…

Priscilla : Voilà. Et la multiplication des « si » mène inévitablement à une relation en dents de scie. Et je ne suis PLUS CAPABLE de vivre l'irrégularité sur une base régulière.

Moi : Tu as bien raison. Petite question… Pourquoi les poissons SCIE sont-ils plus respectables ?

Priscilla : Parce que la pêche aux poissons scie est honnête. On ne crée pas de liens, on ne promet rien. Je te pêche, je te croque et puis on coupe. Clac !

Moi : Je vois. Donc les « poissons SI » sont des indécis mortels genre POISON MORT AUX RATS… et les poissons SCIE des…

Priscilla : …pêches respectables qui nous font du bien… si on n'abuse pas trop. Tu en penses quoi ?

Moi : Hum… Je pense que je vais prendre l'assiette de raie finalement.

Par précaution !

LES HOMMES QUI NE PENSENT QU'AVEC LEUR… TRUITE… SONT DE VÉRITABLES CRAPETS !!! LE PIRE, ON DIRAIT QU'ILS SE TIENNENT EN BANCS !
– ANIIIIIIE

SAVEZ-VOUS VISER

L'AMOUR LONGUE DURÉE ?

Pour atteindre la bonne personne, il faut savoir cibler. Cibler l'amour, cibler la passion, cibler la simplicité, cibler le longue durée, cibler la connexion... Lorsqu'on trouve, on regarde dans la mire et on vise droit au cœur. Bang ! Mais que fait-on lorsque le cœur de convoitise est déjà criblé de balles, troué, meurtri par ses expériences passées ? Bonne question.

Martine, Capucine et moi, sur la terrasse de la Croissanterie, à Montréal.

Moi : Qu'est-ce qui se passe, Martine ? Tu as la mine basse…

Martine : Ah oui ? Hum… désolée. Je me suis disputée avec Tom ce matin.

Moi : Ah bon ? Pourquoi ?

Martine : Même histoire. Ça fait six ans qu'on sort ensemble et qu'il ne m'a toujours pas demandée en fiançailles alors qu'il sait à quel point l'engagement est important pour moi. Je pense qu'il a peur de s'engager à cause d'une ancienne relation.

Moi : Mais tu lui mets trop de pression ! Vous êtes ensemble depuis six ans, c'est assez engageant, non ?

Capucine : Moi, je n'arrête pas de tomber sur des mecs qui ont la phobie de me prendre la main dans la rue. Ça les engage trop, tu imagines ? Tous traumatisés par une ex quelconque. Il me semble que prendre une main dans la rue, c'est de l'engagement de premier niveau ! Les hommes sont devenus phobiques compulsifs du deux par deux. Tu veux bien me dire comment faire pour les convaincre de s'engager ???

Moi : Tu peux toujours essayer la Technique de l'adresse au tir.

Capucine : Ah oui? C'est quoi?

En fait, selon cette technique, pour atteindre l'engagement sur le longue durée, il faut :

1. Savoir viser. La bonne personne au bon moment, pour l'autre, comme pour soi.

2. Savoir respirer. Pour tirer un bon coup, il faut rester soi-même tout en gardant une respiration normale et décontractée. C'est la seule façon de rester centrée et de ne pas faire fuir l'autre.

3. Contrôler la détente. En gardant toujours nos objectifs en tête, on appuie tranquillement sur la détente... en s'assurant que la pression exercée soit lente, mais constante.

4. On tire droit au cœur. Pour atteindre l'autre sans douleur.

Maintenant, on peut aussi s'automitrailler de questions. À partir de quand développe-t-on la peur de l'engagement? S'agit-il d'une maladie incurable, d'une irréversible peur du deux par deux? Pourquoi tant de gens en souffrent? C'est si douloureux, la vie à deux?

Et puis… Supprimer la peur de l'engagement, n'est-ce pas la meilleure façon de faire naître une relation ?

LE PROBLÈME, C'EST QU'ON TROUVE DES PROBLÈMES PARTOUT !

– SARAH

TRAINING
MÂLE

Cette semaine, je joue dans l'équipe des gars. L'enjeu : aider les hommes à devenir de meilleurs séducteurs. Comme je n'ai pas la science infuse de la séduction, j'ai fait appel à ma *gang* de filles pour connaître leur vision de la chose. Voici donc où en est le pointage.

1. Le contact visuel.

Mon amie Gina trouve que les gars ne font pas assez de contact visuel. « On ne sait jamais s'ils sont intéressés ! » Elle se souvient d'ailleurs d'être déjà allée dans une soirée où personne ne lui a adressé la parole. En partant, son ami lui a alors avoué que trois gars l'avaient trouvée très mignonne. « Ça aurait peut-être aidé que je le sache avant de partir ! » Pourquoi les gars agissent-ils à retardement ?

Éva ajoute : Et puis, il y a des moments inacceptables comme lancer un regard et un sourire au moment où les portes du métro se referment... On est censée faire quoi : tirer sur le frein d'urgence ?

2. Le *look*.

Si les hommes sont sensibles à la féminité, les filles aussi salivent devant un gars qui sait s'arranger côté fringues.

Catherine : La chemise à carreaux, les *baskets* blancs et le petit collier à billes ras le cou, c'est *OUT* !

3. L'intérêt.

Les questions démontrent un intérêt (peu importe lequel).

Sophie : Je déteste les gars qui ne posent aucune question. On est censés se connaître comment ? Jouer à la journaliste dans un bar, non merci. S'il ne me relance pas la balle, moi, je décroche.

4. Le lâcher-prise.

Très important : éviter les phrases trop directes et insistantes. Par exemple : demander un numéro de téléphone ou lancer une invitation à dîner après deux minutes de conversation.

Éva : J'aime un gars qui sait avoir une vraie conversation, qui s'éloigne pour voir ses amis et qui revient ensuite plus tard pour voir si ça clique. Rien de mieux que de sentir que le gars s'éloigne pour avoir envie de lui sauter au cou (ou ailleurs !…).

Alors, messieurs, prêts pour un coup de circuit ?

> RAPPELEZ-VOUS QU'IL EST BON DE REVENIR BREDOUILLE DE LA CHASSE. C'EST MÊME BÉNÉFIQUE. CAR LA FOIS SUIVANTE, VOUS SEREZ ENCORE PLUS À L'AFFÛT.
> – JELLO

ASSURANCE
LOVE

Dans la vie, on n'est jamais
sûr à 100 %. C'est d'ailleurs pour
cette raison qu'on s'assure de tout
(je t'assure, tu m'assures, donc, on est
rassurés !).
Aussi, cette semaine, j'ai décidé de créer
un nouveau genre d'assurance :
l'assurance LOVE.

ASSURANCE-LOVE
assureur de
prince charmant
514.555.2255

Je m'explique. Dans la vie, je possède une assurance voyage, une assurance vie, une assurance invalidité, une assurance prêt. Ça va. Je suis parée à toute éventualité, sauf à une invasion de souris meurtrières (ça, j'ai refusé). Or, les choses auxquelles je tiens vraiment (mes chaussures, mes fringues et mon ordi) et ce qui me préoccupe quotidiennement (trouver l'âme sœur), qui s'en porte garant ? Personne !

J'ai donc pensé à un concept d'assureur de prince charmant. Ce dernier remplacerait l'assurance VOL par l'assurance LOVE avec, en bonus, un intérêt réciproque !

Avec cette prime antidéprime, il y aurait bien sûr une clause « assurance invalidité ». Car si le cœur flanche et tombe en état de léthargie amoureuse, quelqu'un devra prendre la relève de nos capacités mentales.

Même chose pour ce qui a trait à la responsabilité sénile (si on fait une gaffe qu'on regrette... ou qu'on blesse quelqu'un sans le vouloir).

En plus d'assurer l'amour, ce type d'assurance couvrirait la mode (pour nous rhabiller une fois le cœur mis à nu).

Donc, côté fringues, je pensais plutôt à une assurance vide de sens comme « l'assurance chaussure à son pied ».

Vous croyez que ça marcherait ?

Dans mon cas, peu importent les paiements, si j'ai une garantie de trouver « l'homme de ma vie », je signe ! À la limite, même un prêt (à vie, on s'entend), je prends !

Après tout, autant être une *Desperate* pleine d'assurance !

LA PRESSION DEVENAIT INSUPPOR-
TABLE PUISQUE NOS PROJETS FUTURS
NE REPOSAIENT PLUS SUR LA QUALITÉ
ET LA SOLIDITÉ DE NOTRE RELATION
MAIS BIEN SUR LE FAIT QU'ELLE LES
VOULAIT MAINTENANT.

– ÉRIC

MÉTÉO**LOVE**

Les aléas de la vie de célibataire nous entraînent souvent dans une succession de courants émotifs aussi appelés : MétéoLOVE.

Par exemple, l'hiver du célibat. Cette ère glaciaire de l'amour où la non-chaleur humaine atteint des sommets records, facteur temps oblige. C'est la période creuse du célibat, les -30° de l'amour.

Miss MétéoLOVE : Votre cœur, c'est l'hiver ? Il est givré, congelé, tout frimas ? Pour se protéger, il s'est même recouvert d'une épaisse couche de glace ? Munissez-vous d'un pic à glace ! Car s'il est important de se protéger des brise-cœur, briser la glace des cœurs trop froids est la première étape au redoux romantique.

Miss MétéoLOVE : Vous êtes au cœur de la tempête ? Le vent vous emporte ? Les accumulations refont surface ? Choisissez un bon coupe-vent (avec pochette d'aération). Ah ! et n'allez surtout pas pelleter vos accumulations chez le voisin… Il est peut-être dans le même anticyclone que vous.

Miss MétéoLOVE : Cette semaine, le baromètre sentimental indique qu'une légère dépression envahira les âmes sensibles. Le thermostat amoureux prédit des pluies diluviennes de chagrin. Faites gaffe aux inondations inutiles ! Et gardez le sourire… Cette période sera aussi entrecoupée de belles percées de soleil et de plaisirs intermittents.

Miss MétéoLOVE : Avertissement de pleurs verglaçants… Optez pour une journée de *ice loving* avec dérapages contrôlés.

Après tout, l'amour qui nous glisse entre les mains, ça ne mène à rien...

Miss MétéoLOVE : Votre cœur, c'est l'hiver, encore ? Surtout, pas de panique... Le redoux s'en vient. Le mercure de l'amour sera bientôt à la hausse. Ce sera chaud, confortable et enveloppant... Alors, surtout, profitez-en !

FUIR C'EST TOUT RECOMMENCER POUR UN JOUR FUIR DE NOUVEAU.

– JULY

ÊTES-VOUS
FRENCH KISS ÉPANOUIS ?

Qu'est-ce qui fait de nous un bon
« rouleur de pelle ? » Pourquoi
certaines personnes embrassent bien,
d'autres bof et d'autres avec qui c'est
DÉGUEULASSE ? Et puis… si on trouve
qu'un gars embrasse mal, est-ce parce qu'on
s'y prend mal nous aussi ? Peut-on être
incompatibles de baisers et se résoudre à
passer notre vie avec quelqu'un qu'on
déteste embrasser ?
Help !

Sabine, Chloé et moi, sur le coin d'une rue, un mardi soir (tous les lieux sont bons pour régler des problèmes existentiels).

Sabine : Ça va, Chloé ? Tu as l'air déprimée...

Chloé : Bof... ça va. Mais ça pourrait aller mieux.

Moi : Qu'est-ce qui se passe ?

Chloé : Je ne sais pas trop... Je crois que je suis en manque de *french kiss*.

Sabine : Mais tu n'as qu'à courir embrasser ton Paul !

Chloé : Ouais... On ne s'embrasse pas si souvent.

Moi : Ah non ?

Chloé : Non.

Moi : Pourquoi ça ?

Chloé : En fait, je trouve qu'il n'embrasse pas super bien et on dirait que plus ça va, plus ça m'écœure. C'est tellement stupide !

Sabine : Mais non, pas du tout ! Moi, j'adore embrasser. Si le gars embrasse mal, ça ne peut pas fonctionner. Impossible.

Chloé : Mais tu te rends compte ? C'est ridicule ! On s'entend hyper bien, notre quotidien est sans

embûches, mais dès qu'il rentre sa langue dans ma bouche, c'est comme si ses glandes sécrétaient un surplus de salive ou je ne sais pas quoi, mais il m'enduit le visage de bave… DÉGUEULASSE !!!

Moi : Ça me fait penser à une ancienne fréquentation…

Chloé : Ah oui ?

Moi : La première fois qu'on s'est embrassés, j'étais pleine d'espoir, persuadée que c'était un excellent match…

Chloé : Et puis ?

Moi : Il s'est approché de moi tout doucement, a posé ses lèvres sur les miennes et là, HORREUR ! Il s'est mis à baver comme un saint-bernard et à faire des sons bizarres. Je pensais même qu'il faisait une crise d'asthme tellement il respirait fort !! J'étais recouverte de bave… du nez jusqu'au menton en passant par les deux oreilles. VOMIS !!!

Sabine : Ouach !

Moi : Ouach, tu dis ? J'étais tellement sous le choc que le lendemain, j'en ai parlé à mon esthéticienne qui m'a dit qu'elle avait vécu la même chose avec son nouveau *chum*.

Chloé : Et alors ?

Moi : Elle lui a dit... et il s'est amélioré... Comme quoi il y a de l'espoir !

Chloé : Oui, mais moi, je suis incapable de lui dire ! Je ne veux surtout pas le complexer ! Et comment on dit ça ? « Chéri, désolée, mais tu ne pourrais pas garder ta bave chez toi ? C'est parce que je viens de m'acheter une crème antirides à 100 $... et la bave annule l'effet des actifs anti-âge !!!! »

Sabine : Ha ha ha, excellent ! Moi, Ted embrasse bien, mais le hic, c'est que dès que la langue s'en mêle, il a envie de faire l'amour TOUT DE SUITE. Alors que moi, je veux seulement qu'on s'embrasse pendant des heures, comme lors de nos premières soirées !

Chloé : Oui... je sais. Les gars pensent que dès qu'on les embrasse avec la langue, ça veut dire *go* !

Sabine : Pourtant, il me semble que ce n'est pas si compliqué ??? On veut un *french kiss*, avec la langue, sans bave et sans extra sexe.

Moi : Chuuuuuut !

Sabine : Chut quoi ?

Moi : Ça me fait penser à une ancienne fréquentation... Le gars ne faisait qu'embrasser... Pendant des heures !!!!!! Rien d'autre. D'un ennui mortel.

150

Chloé : Ah ouais, j'avoue. Embrasser, c'est bien, mais si le gars ne fait rien d'autre, c'est nul !

Dur, dur d'être *French Kiss* épanouis !

> EMBRASSER... LE FRÉMISSEMENT DE TOUCHER LES LÈVRES DE L'AUTRE, S'APPRIVOISER, SE DÉCOUVRIR. ON GOÛTE, ON TAQUINE, DÉLICATEMENT, FÉROCEMENT... LES LÈVRES NOUS FONT DÉCOUVRIR LA SUBTILITÉ, L'INTIMITÉ, LA FÉMINITÉ ET LE DÉSIR DE L'AUTRE...
> – PATRICK

LES MICRO-ONDES
DE L'AMOUR

À quel canal satellite se situe votre ouverture à l'amour ? Est-il facile à capter ? Et puis, êtes-vous fidèle ? Je veux dire… Même heure même poste ?

En général, j'ai besoin de deux événements inspirants pour écrire ma chronique. Les éléments doivent connecter, de près ou de loin, de sorte à créer un électrochoc dans mon esprit. Ensuite, mon petit doigt me dicte le reste et les autres doigts tapent (le petit, lui, reste bien en l'air).

Cette semaine, il est question d'ondes et de fréquences.

D'abord, les ondes électroménagères. La scène se déroule dans mon édifice, à l'heure du lunch, à la très sélecte cafétéria du huitième étage. Donc, je suis là, et je fais chauffer mon lunch (des pâtes aux crevettes-tomates-citron-et-restants-de-frigo. Ma spécialité !). Compte à rebours : deux minutes. *Start !*

1 minute 56 secondes : un mec m'aborde. Il est de toute évidence… sur le radar.

Lui : Salut !

Moi : Salut !

Lui : T'as passé un beau week-end ?

Moi : Oui… relax. J'avais une soirée avec les gens du bureau. Très sympa ! Ça permet de savoir ce qui se passe dans nos vies, en dehors du boulot.

Lui : En effet… Et qu'est-ce qui se passe ?

Moi : Hein ?

Lui : Qu'est-ce qui se passe… dans ta vie ?

Regard au chrono du micro : 1 minute 15 secondes.

Moi : Hum… Je pars pour Paris vendredi.

Lui : Génial ! T'as besoin de quelqu'un pour t'accompagner ?

Moi : Oui, un porteur de valises !!

Je me rapproche du micro-ondes, qui affiche maintenant 45 secondes…

Lui : Tu es célibataire ?

Moi (incrédule, subjuguée, rouge tomate-citron-crevette) : Moui.

Bip ! Bip ! Bip !

My God… du vrai *speed chauffing* !

Pas trop mon type d'ondes.

Une onde est une déformation, un ébranlement ou une vibration dont la portée varie en temps et en espace.

On peut émettre des ondes sans le vouloir et en percevoir, sans le vouloir. Tout est question d'ouverture et de fréquences. C'est ce qu'on appelle : le *channel* de l'amour.

Une de mes amies, Chloé, est complètement brouillée dans ses fréquences... Belle et raffinée, elle est aussi extravertie que délicate. Et dernièrement, elle a croisé un médium qui lui a dit ceci : « Être seule te rend malheureuse, mais tu es complètement fermée à l'amour ! »

Du coup, je lui ai demandé : Et c'est vrai ?

Chloé : Oui, peut-être... Je ne sais pas.

Moi : Tu ressens une connexion parfois avec des gens ?

Chloé : Ça arrive... mais je me dis toujours que c'est dans ma tête. Que j'hallucine et je détourne le regard.

Parmi les ondes, il y a les ultra violentes (passionnelles), les rayons XXX (brûlants et charnels) et les ondes mimiques (faciles à décoder sur le visage de l'autre).

La question du jour est celle-ci : Devons-nous être nécessairement sur la même longueur d'onde pour se réchauffer dans les bras de l'autre sans se brûler ?

Deux minutes pour délibérer. *Start !*

LES ONDES MAGNÉTIQUES NE FORMENT-ELLES PAS LES MEILLEURS « AIMANTS » ?

– PATRICK

L'AMOUR, ÇA SE RECYCLE !

Avant de se jeter sur
le premier venu, on devrait
commencer par faire le tri de
nos relations, comme on gère
nos déchets. Tellement plus
« écœur-logique » !

Sarah, Audrey et moi, sur une terrasse dans Saint-Germain-des-Prés, à Paris.

Sarah : Je crois que je vais prendre une pause d'hommes dans ma vie. Je vais me concentrer sur mes projets personnels. Je me rends compte que lorsque je jette mon dévolu sur un gars, tout le reste de mes obligations devient un fardeau, particulièrement le boulot.

Moi : As-tu déjà pensé à faire du recyclage ?

Sarah : Du quoi ?

Moi : De la récup' ! Ou plutôt, du traitement de déchets pour éliminer tous ceux qui te pourrissent la vie. Un geste indispensable pour survivre en milieu professionnel.

Audrey : Tu nous expliques ta nouvelle théorie ?

Moi : Pas besoin de BAC pour comprendre. C'est si simple. Les mecs qui nous puent au nez : POUBELLE ! Ensuite, toutes les économies d'énergie seront redistribuées au nouvel organisme pro-envirHOMMEmental.

Sarah : Intéressant...

Audrey : Et il y a des types qu'on peut recycler ?

158

Moi : Absolument. Comme les mecs plastiques bien conservés (toujours pratiques).

Sarah : Bon point. Et qu'est-ce qu'on jette ?

Moi : Les « mécontenants » qui veulent se faire combler à tout moment. Ça, du vent !

Sarah : Le hic, c'est que comme la tendance est au rechargeable et au biodégradable, les relations se décomposent à vue d'œil... Tout le monde s'autorejette.

Audrey : Tu as raison... Le danger, c'est effectivement la grande désintégration et de finir seule dans une vie vide de sens.

Moi : Mais dans tous les cas, c'est cent fois mieux que de moisir avec une pourriture !

Sarah : Et pour ce qui est des ex ?

Audrey : Oui, on fait quoi avec les ex ?

Moi : Hum... bonne question. Les ex-passions, ça s'égrène, mais ne se dégrade pas vraiment avec le temps... Alors, on peut toujours les garder au frais. À moins de ne pas être chaude à cette idée.

Et lorsque le ménage est fait, on se paye une vie d'ange.

Qui joue à l'éboueur ?

> SACHEZ DIRE « NON » À CE QUI NE
> VOUS INTÉRESSE PAS ET « OUI » À CE
> QUI VOUS INTÉRESSE.
>
> – NATH

LE BOUDIN

ET LA BOURRUE

J'avoue, je suis voyeuse. Mais
une voyeuse auditive ! J'adore me
retrouver dans un restaurant et
écouter les conversations des gens.
D'ailleurs, pour moi, il n'y a rien de
plus excitant que d'assister à une
scène de couple en direct.

Lui : grand, mince, cheveux frisés, légèrement en bataille, veston style artiste du Plateau et jean légèrement ajusté.

Elle : robe gris acier, collant bleu et bottillons jaunes. Dit comme ça, ça semble étrange, mais en réalité, c'était très harmonieux, du type savamment négligé.

Elle : On commande ?

Lui : D'accord ! Alors… On en choisit chacun deux, et je te laisse choisir le cinquième.

Contexte : il s'agit d'un resto de tapas, et donc, de petits plats à partager…

Lui : Pour le cinquième plat, on pourrait aussi essayer un truc plus inusité et audacieux… Ça te dit ?

Elle : OK… pourquoi pas ?

Lui : Alors, on s'essaie pour l'assiette de boudin blanc ?

Elle : Du boudin ? Ouach !

Lui : Je vois, tu es du genre difficile.

Elle : Hein ?

Lui : Tu sais, les papilles, c'est un muscle qui se développe. Le secret, c'est d'y aller progressivement. Tu en manges un peu, t'arrêtes. La fois suivante, tu en

manges un peu, t'arrêtes. Et au fil du temps, ton cerveau va en redemander inconsciemment.

Elle : Oui, j'ai fait ça avec les olives… Mais bon. Du boudin, ch'sais pas trop. Pas ce soir, OK ?

Lui : Té plate.

Elle : Ben là !

Lui : Tu ne veux jamais rien essayer de nouveau.

Elle : Pardon ?

Lui : Bon, les rognons alors ?

Elle : NON ! Pas de rognons, pas de boudin, pas d'abats, pigé ?

Lui : Tu es vraiment *bourrue* aujourd'hui, ou quoi ?

Le serveur arrive au moment crucial : « Puis-je vous suggérer notre spécialité du jour, de la bourrue farcie ? »

Elle : De la QUOI ?

Le serveur : Euh… de la borue farcie… Désolé, j'ai un vilain rubhe.

Elle : Finalement, je n'ai plus trop d'appétit.

Lui : Bon, t'as fini de faire ton boudin ?

Le serveur : Ah oui, le boudin aussi est excellent ! Vous devriez goûter.

Elle : Mais je n'en doute pas un seul instant ! D'ailleurs, vous me faites réaliser… Au fond, les papilles, c'est comme les papillons, c'est un muscle qui se développe. Tu en ressens un peu, tu goûtes. Tu n'en ressens pas, T'ARRÊTES. Et au fil du temps, ton cerveau va te remercier… Inconsciemment.

L'addition, SVP !

> NOTRE BONHEUR, ON LE FAIT CHAQUE JOUR. ON SE BLESSE SOI-MÊME AVEC NOS ATTENTES.
>
> – ANONYME

LUI ET MOI,
ON SE « DÉFIANCE » !

Dans un cas de polyruptures (voici mon ex-futur-ex), les fiançailles représentent l'ultime rechute. Le dernier essai. Le tout ou rien. Ou plutôt, l'ERREUR fatidique. Car une réconciliation désespérée mène inévitablement au nouveau largage à la mode : j'ai nommé les « défiançailles ».

C'est ce qui est arrivé à Sabrina et Thomas.

Moi : Alors Sab', comment tu trouves ta nouvelle vie de célibataire ?

Sabrina : Je suis tellement bien ! Je me suis loué une voiture, j'ai trouvé mon appart'… Je déménage dans deux semaines. Et j'ai même recommencé à aller au gym !

Moi : Bravo ! Depuis le temps que tu voulais quitter Thomas. Je suis fière de toi.

Sabrina : Je sais… Mais j'attendais vraiment d'être prête. Au fond, ça faisait des années que je ne l'aimais plus. On ne faisait même plus l'amour ! Pathétique.

Moi : Mais non. Il ne faut pas dire ça. Chacun son rythme. L'important, c'est d'avancer et de cheminer dans la bonne direction, celle de son propre bonheur !

Sabrina : Oui, tu as raison ! J'étais tellement malheureuse avec lui. On s'engueulait TOUS les jours, et chaque soir, je pleurais dans mon bain. J'avais perpétuellement cette impression de regarder ma vie défiler sous mes yeux, mais sans pouvoir la vivre… Tu imagines ?

Moi : Alors maintenant, vis ta vie, ma belle ! Et amuse-toi ! Fonce !

Sabina : Oui, c'est ce que je vais faire !

Deux semaines plus tard… sur Facebook.

Moi : Hello Sab' !!! Comment ça va ? Désolée, j'ai été débordée. Je sais que tu déménages bientôt, si jamais tu veux de l'aide, fais-moi signe ! Ça me fera plaisir de t'aider. Sinon, comment va ton petit cœur ? Tu tiens le coup ?

Sabrina : Je vais bien… Merci beaucoup pour ton aide. C'est très gentil. Écoute, il faut que je te dise un truc… Thomas et moi, on est fiancés. On va se marier !!! Prépare ta robe et tes escarpins !

Moi : HEIN ???? Quoi ??? Tu blagues, j'espère !

Sabrina : Non, pas du tout ! Et je suis tellement heureuse !

Hier soir… sur mon balcon.

Sabrina : Je suis débaguée.

Moi : Quoi ?

Sabrina : Thomas et moi, c'est fini. On se « *défiance* »…

Moi : *Party !*

Sabrina : Pardon ? Mais de quoi tu parles ? Je suis effondrée. J'apprécierais un peu de sympathie de ta part !

167

Moi : Raison de plus pour faire la fête ! Et puis… il faut bien trouver un prétexte pour porter nos nouvelles paires de chaussures Stuart Weizman !

Sabrina : Hum… Bon point. Alors, célébrons ! On fera un énorme feu de joie avec mes faire-part !

Moi : Oui, et on demandera à Thomas de venir « *désembrasser* » la mariée !

Sabrina : Et de me jurer non-fidélité !

Moi : Oui, et on s'enfuira avec les garçons de déshonneur !

Après tout, qui a dit qu'on était prêtes à enterrer nos vies de jeunes filles ?

IL M'A DEMANDÉ DE L'ÉPOUSER. JE LUI AI RÉPONDU : « DONNE-MOI UN AN. » ENSUITE, ON VERRA.

– ANONYME

LE NOUÎ
OU L'ART
DU FAUX NON

Lorsqu'elles sont vraiment intéressées, plusieurs filles utilisent la stratégie du NOUI. Ce fameux non qui veut dire oui, mais qui se prononce N-O-N. Le « i » final reste muet. C'est la lettre mystère… celle de l'approbation cachée que l'homme doit déceler au-delà du faux refus. Je vous explique.

NON + oui
=
NOui

Ma copine Janie est amoureuse de Tom. Follement, éperdument et secrètement amoureuse de Tom depuis le premier jour où leurs regards se sont croisés dans ce lancement d'album électro *underground*. Depuis, elle ne rêve que d'une chose : sortir avec lui. Or, la semaine dernière, il lui a finalement offert d'aller boire un verre…

Moi : Et alors ? Tu lui as dit oui ?

Janie : Non. J'ai dit non.

Moi : Comment… Tu lui as dit non ? Et pourquoi ça ? ? ?

Janie : Parce que c'est ce qu'il faut faire.

Moi : Comment… Refuser de passer une soirée avec l'homme sur qui tu fantasmes depuis des mois ?

Janie : Voilà.

Moi : Tu es complètement folle ! C'est quoi cette idée ?

Janie : C'est le truc du NOUI. Ça marche à tout coup.

Moi : Le truc du quoi ?

Janie : Le NOUI… On dit non, mais au fond, ça veut dire oui.

Moi : Ah bon… Parce que dire oui, c'est pas assez *sexy* ?

Janie : Ça serait trop facile ! Une fille instruite sait pertinemment que dans le dictionnaire de synonymes des gars (tome 1, la base) : Oui = facile et Non = intéressant.

Moi : Oui… bon. Je veux bien… Mais une fois le « faux non » prononcé, comment le gars fait pour savoir que ça veut dire oui ?

Janie : Alors là… C'est sa partie à lui ! Un gars instruit en phonétique féminine et qui a lu le dictionnaire des antonymes pièges (tome 12) connaîtra *le sens caché du non.*

Moi : Ah ! Je vois ! C'est pour ça que tous les gars à qui on dit NON nous courent systématiquement après. En réalité, ce sont des *nerds* finis qui passent leur vie à lire ces tomes bidons ! Et tu crois que ton Tom connaît bien sa matière ?

Janie : Je ne sais pas… Justement, j'angoisse totalement.

Moi : Pourquoi ?

Janie : Depuis quelques jours, je n'ai pas de nouvelles de lui… Mon Dieu… Tu crois qu'il a pris mon non pour un non ?

Moi : Mais non…

Janie : Arrête… Je sais très bien que ton non veut dire oui ! ! ! !

Et s'il fallait commencer par un NOUI pour se rendre au NOUS sans se faire dire NON ?

SOYONS FRANCHES ET HONNÊTES, LES FILLES, ET AFFIRMONS-NOUS À LA PLACE. IL EN SUIVRA UNE RELATION SAINE ET AUTHENTIQUE… PUISQUE C'EST LE BUT RECHERCHÉ !

– JOJO

LE GRAND AMOUR OU LE *DATING* POMME-GRENADE ?

Un seul « je t'aime » peut résonner tout au long d'une vie de couple... si on écoute la vibration de son écho. Pour les célibataires, le *dating* pomme-grenade est aussi très prometteur. Voici pourquoi.

Mélodie et Décibelle, au archi *hot* restaurant DNA, dans le Vieux-Montréal.

Mélodie : Ça va toujours bien avec ton Louis ?

Décibelle : Moui.

Mé : Moui quoi ?

Dé : Il ne m'a pas dit qu'il m'aimait aujourd'hui.

Mé : Ah non ? Il te l'a dit quand la dernière fois ?

Dé : Avant de se coucher, hier, je crois.

Mé : Franchement, tu es ridicule !

Dé : Mais c'est la St-Valentin, cette semaine... Il devrait me le dire plusieurs fois par jour ! ! ! Tu crois qu'il est amoureux d'une autre ?

Le serveur arrive... grand, brun, très classe... les cheveux légèrement en broussaille.

Décibelle (dans l'oreille de Mélodie) : C'est le serveur que tu trouves super mignon ! ! ! Tu te souviens ?

Mélodie : Chuuuut ! ! ! Mais bien sûr que je me souviens... Il est tellement beau !

Le serveur : Mesdames, puis-je prendre votre commande ?

Mélodie : Je veux ce que vous avez de plus *flyé* sur le menu… Un plat débile qui me fera oublier mon célibat.

Le serveur : Hum… Alors je vous suggère les ravioles à la cervelle de porc. Exquis !

Mélodie (rgup… bruit de regret) : Ah ouais ?? Hum… Si vous le dites… Mais c'est mieux d'être bon ! J'ai eu ma dose de porcs sans cervelle ces derniers temps ! ! !

Le serveur (à Décibelle) : Et pour mademoiselle ?

Décibelle : Le magret de canard à la pomme-grenade pour moi.

Le serveur : Excellent choix. Et très à propos pour la St-Valentin.

Décibelle : Comment ça ?

Le serveur : Parce que la pomme-grenade est un fruit très romantique.

Mélodie : Ah oui ? En quoi ?

Le serveur : Eh bien… Déjà parce que le grenadier est un arbuste qui aime la chaleur et craint les grands froids.

Décibelle : Mon *chum* déteste le froid, ça ne fait pas de lui quelqu'un de romantique…

Mélodie : Tais-toi et laisse-le parler ! !

Le serveur : Bon. Ensuite, parce que le nom grenade vient du latin *granatus* qui signifie « abondant en grains ». Voyez, dans une même pomme-grenade se cachent mille et une explosions de petites baies sucrées…

Les deux filles se regardent…

Mélodie (dans l'oreille de Décibelle) : Il est mignon mais un peu bizarre, non ?

Décibelle : Et on peut connaître le lien avec le romantisme ?

Le serveur : En fait, le fruit représente le grand amour et les grains qui le composent, les innombrables occasions de retomber en amour dans une même relation.

Décibelle se lève, enfile son manteau, son foulard, son chapeau, ses gants… agrippe son sac, son *gloss*, son iPod, son BlackBerry…

Décibelle à Mélodie : Je suis arrivée les mains vides si je ne m'abuse… J'avais autre chose ?

Mélodie : Non. Mais qu'est-ce que tu fais ?

Décibelle : Je vais acheter des pommes-grenades ! ! ! !

Mélodie : Maintenant ?

Décibelle : Oui... Je veux que Louis retombe en amour avec moi encore et encore ! ! !

Puis elle disparaît dans le restaurant en ajoutant...

Décibelle : Tu me donneras des *news* de ta cervelle de porc...

Mélodie (au serveur) : Bon... Eh bien, faut croire que je vais manger seule ce soir. Ça vient avec un accompagnement au moins ces ravioles de cervelle de porc ?

Le serveur : Oui... un chanteur de pomme-grenade...

Pas toujours facile d'organiser une *date* surprise ! ! !

C'EST AU QUOTIDIEN QUE LES DÉMONS-
TRATIONS CONFIRMENT ET RÉINVEN-
TENT L'AMOUR DU COUPLE.
— COCOTTE FRISÉE

LA BISE

OTAGE

Les ravissantes jeunes femmes ont toutes, un jour ou l'autre, été victimes d'une bise otage. Ce baiser de ravisseur, qui nous laisse tout, sauf ravie… Cette situation m'est arrivée l'an dernier à Paris au très hip hôtel Murano, dans le cadre d'un lancement de parfum Diesel.

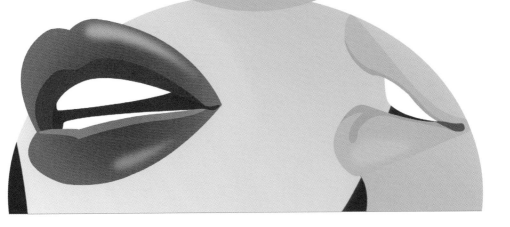

Ma collègue et moi, au bar de l'hôtel, les yeux mi-clos à cause du décalage horaire et hypnotisées par les écrans aux motifs psychédélico-branchés qui illuminent l'arrière du bar.

Le serveur (un genre de Lenny Kravitz version *frenchy*) s'approche de nous.

Frenchy Lenny : Bonsoir, jolies demoiselles, que puis-je vous servir ?

Nous : Deux mojitos s'il vous plaît !

Frenchy Lenny : Avec grand plaisir... Ah ! et mon nom est Disco, si vous avez besoin de quoi que ce soit...

En disant ces mots, il plonge son regard dans le mien, insistant quelques secondes de TROP pour que je comprenne BIEN qu'il me regarde MOI.

Je pouffe de rire.

Ma collègue : Eh bien, je crois qu'il te fait de l'œil !

Moi : Tellement évident ! Mon Dieu... mais j'avoue qu'il est mignon... J'aime bien son petit veston qui scintille dans le noir. C'est quoi, des paillettes ?

Ma collègue : Je ne sais pas... C'est pour aller avec son nom ! Disco et les paillettes ! Ha ha ha. Excellent !

Disco (ex Frenchy Lenny) revient avec nos drinks du Sud mentholés.

Disco : Deux mojitos pour mesdames.

Nous : Merci !

Ma collègue se risque : Vos paillettes, qu'est-ce que c'est ? C'est un veston de designer ?

Disco (visiblement heureux de constater qu'on avait parlé de son dos dans son dos) : Non. C'est moi qui l'ai fait !

Moi : Comment... c'est du bricolage ? Un veston bricolage ?

Disco : Oui... si on veut. J'en ai plein à la maison... Si jamais vous voulez les voir...

En disant ces mots, il parle un peu plus bas... un ton plus grave... un souffle plus chaud...

Moi : Hum... non, ça ira. Merci.

Je me lève pour me diriger aux toilettes... situées à l'étage plus bas.

J'emprunte l'escalier... je me retourne et là, je l'aperçois. Il m'avait suivie !

Il s'approche de moi.

Disco : Je suis très attiré par vous. Je peux vous faire une bizutage ?

Moi : Une quoi ?

Disco : Une bizutage... C'est ce qu'on fait ici pour initier les étudiants... J'aime bien transposer le concept aux jeunes femmes qui me plaisent... pour les initier à mes baisers.

Moi : Euh... Disco perdrait-il la boule ? Votre truc ressemble plutôt à une bise otage !

Je tourne la tête.

Moi : Si je vous offre les commissures, est-ce un crime ?

Disco : Oui. Passible de poursuite !!

Help !!!!

LES GARS S'ESSAIENT DEPUIS TOUJOURS. IL N'EN TIENT QU'À NOUS DE DÉCIDER CE QUE L'ON TROUVE ACCEPTABLE OU NON. N'EST-CE PAS CELA LA LIBERTÉ... LE POUVOIR DE CHOISIR ?

– CAROLYNE

L'ART DE SE FAIRE LA COUR...
SUR RAPPEL !

À la Grande Cour du Célibat, tous les *prospects* devraient être considérés, à la base, comme des individus « non intéressés », et ce, jusqu'à preuve du contraire. De cette façon, pas de procès ni de coupable. Appelons ça « l'art de se faire la cour… sur rappel ».

D'abord, le procès devant jury (*alias* l'analyse des amis).

Sophie : Il ne m'a pas encore rappelée. Ce n'est pas dans ses habitudes.

Marie-Hélène : S'il ne te rappelle pas, c'est qu'il n'est pas intéressé.

Sophie : Mais il m'appelle TOUS les jours ! C'est lui qui me court après !

Marie-Hélène : Ah bon ? Je croyais que vous veniez à peine de vous connaître ?

Sophie : Ben... ouais.

Marie-Hélène : Et il t'appelle tous les jours... Depuis quand ? Hier ?

Sophie : Haha. Très drôle. Non... Depuis la semaine dernière.

Moi : Bon, donnons-lui le bénéfice du doute. Il va peut-être te rappeler !

À la Cour des petites croyances...

Sophie : Cette semaine, on est allés au cinéma... On s'est embrassés tout le long et il voulait qu'on fasse l'amour derrière le rideau... Il est fou de moi !

Marie-Hélène : Il est fou de ton cul, oui.

Moi : Et ce rideau… Vous y êtes allés ou pas ?

Sophie : Non, justement. Il ne s'est rien passé, donc le mec, forcément, il va me rappeler !

Marie-Hélène : Bon point.

Au même instant, la sonnerie retentit. C'était le cell de Sophie. La preuve irréfutable… Le signe d'intérêt (quel qu'il soit).

Sophie : C'est luiiiii !

Moi : Tiens, tiens… M. Rideau…

La semaine suivante… À la Cour « peinale »…

Marie-Hélène : Alors, M. Rideau, vous allez en appel ?

Sophie : Oh, les filles, je suis triste… Il m'a dit que ça allait trop vite… Que je l'étouffais trop.

Moi : Hum… Entre la liberté et la prison dorée, la frontière est mince.

Sophie : Votre Honneur, j'aimerais souligner que je ne lui ai jamais tordu un bras !

Moi : Mais toi, il t'intéresse ? Parce que c'est capital que tu te fasses ton propre jugement. T'as vraiment envie d'un gars qui te propose « le rideau » après une première *date* au cinéma ?

Marie-Hélène : Ouais, franchement !

Moi : Rappelle-toi de la règle de la Grande Cour du Célibat : avant chaque *date*, tu dois jurer de dire la vérité, rien que la vérité…

Sophie : Oui, je sais… Parce que se mentir à soi-même, c'est la pire des sentences. Je me souviens très bien !

Le jugement dernier…

Marie-Hélène : Bon, alors, verdict ?

Sophie : Je suis condamnée à rester célibataire ! ! !

Moi : Pas du tout ! Tu viens de commencer ton barreau… Et puis…, l'homme qui te mérite saura réunir toutes les pièces du puzzle pour t'entraîner… jusqu'en Cour Suprême !

Adjugé !

MOINS ON ATTEND, MOINS ON A MAL
ET MOINS ON FAIT DE MAL.
– EILÉMA

LA PAUSE

PAPILLONS

Ces jours-ci, j'étudie une manifestation corporelle chimico-mystérieuse, j'ai nommé : les papillons amoureux. D'où viennent-ils ? Sont-ils en voie de disparition ? Et (le plus important), comment stimuler leur reproduction ?

Pour bien comprendre le phénomène, je me suis donc amusée à comparer le papillon amoureux avec son homologue insecte, le papillon ailé.

Le papillon, insecte volant : Dans son habitat naturel, le papillon se laisse flotter au gré du vent… Butinant d'un pistil à l'autre selon ses envies et sans risque de se casser les ailes au moindre faux mouvement. Il est épanoui, libre comme l'air, mais demeure néanmoins très solitaire.

Le papillon amoureux : Contrairement à l'insecte volant, le papillon amoureux est beaucoup plus sensible aux intempéries émotionnelles. Une fois pris dans le tourbillon romantico-éolien, il court le risque de se volatiliser à tout moment. Pire ! S'il tente de se délecter de nouveaux nectars…, il se fait « écraser » sur-le-champ.

Maintenant. Doit-on forcément être pro-papillons ?

Pour débattre du sujet, voici deux énoncés approuvés par la Charte des Amoureuses du Québec (CAQ).

1. Trop de papillons peuvent causer le syndrome de la folie cardiosentimentale.

2. Un manque de papillons provoque inévitablement la mort des sentiments.

Ce qui m'amène à poser la question suivante : Si la passion est à proscrire et que l'amour-amitié est à éviter, papillons parlant, quel est le degré de battements à respecter ?

Pour percer le mystère, j'ai fabulé sur un ouvrage qui serait intitulé *Papillons et ressentiments, comment trouver l'équilibre du bon battement*.

Rédigé par une professionnelle (la *coach* du papillon amoureux), ce livre (ou plutôt cette brique !) aurait pour mission de nous aider à maîtriser le « *feeling* du papillon » au moyen d'approches innovatrices telles que :

3. Retrouver la chenille en nous ou comment refaire son cocon intérieur par un processus d'introspection.

4. Définir son type de papillon : est-il diurne ou nocturne ? Varie-t-il en fonction des saisons (plus particulièrement à l'arrivée du printemps) ?

Bref, un guide de survie pour garder la magie des premiers instants sans tomber dans le filet du premier chasseur !

Pour terminer, j'aimerais vous laisser sur une excellente réponse qui m'a été donnée par un jeune homme célibataire : « Les ailes du papillon amoureux doivent battre suffisamment fort pour nous permettre

d'avancer… mais sans trop nous faire lever de terre pour ne pas perdre pied. »

Qui dit mieux ?

> POUR QU'UN COUPLE FONCTIONNE, IL FAUT TROUVER LA TRINITÉ RELATIONNELLE: AMOUR-AMITIÉ-SEXE. ON S'AIME, ON EST COMPLICES ET ON EST COMPATIBLES SEXUELLEMENT.
>
> – KEIRB

LOVE, SEXE.
VOS PAPIERS,
S'IL VOUS PLAÎT !

Combien de CV devrions-nous posséder ? Ou plutôt… Est-ce que notre vie sexuelle devrait se retrouver sur un document officiel, genre voici mon CVSexuel ? Un résumé de nos expériences passées avec, en prime, notre degré de libido, ce qui nous allume, nous éteint, nos fantasmes les plus fous, nos accidents de parcours, nos spécialisations… Genre pro en tours de langue longue durée ?

Cat et Val, au resto La Fabrique, sur Saint-Denis, le coup de cœur de la semaine (pour les cornichons gratuits).

Cat : T'as passé une bonne journée ?

Val : Bof. J'ai travaillé sur mon CV.

Cat : Tu te cherches un boulot ?

Val : Non. Mon CVSex. C'est pour Alex.

Cat : Ah. Je vois. Tu ne lui avais pas encore donné ?

Val : Non… Je retardais le moment. J'ai peur que ça le traumatise et qu'il me vire sur-le-champ !

Un *curriculum vitæ* (« chemin de vie » en latin) est un document détaillant le parcours d'une personne. Il s'agit en général du parcours scolaire et professionnel d'un candidat à l'embauche, mais cela peut aussi être une manière de se présenter à un groupe…

Le CVSex est la version charnelle du CVJob. La façon moderne de se présenter à un candidat (couette) potentiel ou à un amoureux (cœur) désireux d'en apprendre un peu plus sur notre parcours sexuel. Contrairement au CV traditionnel, les contacts, échelles salariales et trophées ne sont ici aucunement pris en considération.

CVSex = L'individu mis à nu.

D'où l'importance d'y travailler dès son plus jeune âge.

Cat : Ton CVSex est si terrible que ça ?

Val : Eh bien… je sais pas trop. J'ai fait le décompte de mes partenaires, l'autre soir… J'ai beau m'y efforcer, je n'arrive pas à me rappeler tous les gars avec qui j'ai batifolé ! Il y a toujours un amant de fin de soirée « mort et enterré » qui ressurgit dans mes pensées. Et là, je me dis : « J'ai couché avec cette chose affreuse… moi ? Non. Impossible. Ça ne compte pas ! »

Cat : Si, ça compte. TOUT compte. Que tu en aies cinq ou cinquante mille. Tu imagines qu'Alex ait une saleté transmissible et qu'il te mente en cochant « aucune » dans la case « bibittes actives » ?

Val : Tu as raison. La franchise est de mise. Parlant de « bibittes actives »… Si elles sont désactivées, il faut les mentionner aussi ?

Cat : Oui. Dans la case : « J'ai eu ça, c'était dégueu, horrible, j'ai failli me suicider, mais c'est réglé. » Et tu écris : « Preuves disponibles sur demande. »

Val : Des preuves ?

Cat : Oui, une lettre de référence ! De ton doc, ton dermato, ton gynéco… ton ex !

Val : Ça y est, j'angoisse. Il va me larguer, c'est certain !!!

Moi : Mais non… pas si tu es honnête. Tout le monde a une vie sexuelle. C'est NORMAL. Et puis, tu n'as rien fait de mal ! Tu as été célibataire presque toute ta vie. C'est clair que tu as eu plusieurs aventures. Au fait, tu as vu son CVSex à lui ?

Val : Oui… il me l'a donné hier.

Cat : Et puis ?

Val : Justement.

Cat : Justement quoi ?

Val : C'est écrit noir sur blanc que ce qui tue sa libido (traduire : mou à mort), c'est de savoir qu'il y a eu plein d'autres hommes avant lui.

Cat : Ah.

Val : Il va me *flusher*, je te le dis !!!

Cat : Attends, j'ai une idée. Tu n'as qu'à écrire que c'était des femmes ! De cette façon, tu ne mens pas vraiment, tout le monde passe d'un sexe à l'autre aujourd'hui. Et en plus, tu vas *scorer* au bâton, ma chérie ! Les hommes adorent ça…

Val : Pas fou… Alors je vais écrire que j'ai eu soixante femmes avant de réaliser que j'aimais les hommes. Et que c'est lui l'heureux élu !

Cat : Voilà ! Tu vois, il a de la chance au fond… Attends, tu as bien dit soixante ?

Se mettre à nu ou rester culotté ? La question se pose… Qu'est-ce que vous en pensez ?

QUI DIT QU'IL FAUT AVOIR 60 AMANTS POUR ATTRAPER DES BIBITTES ? IL SUFFIT DE TOMBER SUR UN IRRESPON- SABLE QUI SE CROIT RESPONSABLE.

– AMANDINE

À MORT, MES AMOURS !

Pour survivre à un amour naissant, tout le monde devrait passer par l'enterrement de ses ex. C'est ce que ma copine Éva et moi avons fait la veille de son mariage.

La scène se déroule sur ma terrasse avec, comme décor, mon ensemble de patio en teck brun, quatre chaises recouvertes d'un tissu de toile rayé vert et bleu, deux flûtes à champagne et une exquise bouteille de Veuve Clicquot rosé.

Pop !

Éva : Wow... J'adore le rosé. C'est trop gentil de partager cette bouteille avec moi.

Moi : Mais c'est la moindre des choses, Éva... Tu te maries demain ! Tu imagines ? C'est incroyable !

Éva : Oui... incroyable.

Moi : Mais voyons, pourquoi fais-tu cette tête d'enterrement ?

Éva : Comment ça, je fais une tête d'enterrement ?

Moi : Oui. Tu as bien compris. Tu as l'air abattue, chérie.

Éva : Eh bien... Merci ! Tu sais y faire pour remonter la troupe avant le combat, toi !

Moi : Ah, parce que tu considères ton mariage... comme un combat ? Bon... C'est quoi, le bobo ? Allez... *shoot !*

Éva : C'est Alexandre.

Moi : Alexandre… ton ex ?

Éva : Oui, ALEX, mon EX !

Moi : Hou-là-là… Tu penses encore à lui ?

Éva : Un peu… enfin… surtout récemment. Et si, finalement, c'était lui, l'homme de ma vie, et que je faisais une erreur monumentale en épousant Étienne ?

Moi : Tu aimes Étienne ?

Éva : Oui… je l'adore.

Moi : Tu aimes Alex ?

Éva : Je ne sais pas si on peut appeler ça de l'amour… Mais le souvenir de notre connexion physique incroyable me hante sans arrêt. Il est toujours là, dans ma tête… Et du coup, ça me rend nostalgique, évasive, froide et… hésitante. Et douter, ça me tue !!!

Moi : Et si on l'enterrait pour de bon ?

Éva : L'enterrer ???

Pour vaincre le souvenir destructeur d'un ex (très bon coup), il faut le piétiner, l'écraser, l'étouffer, le démolir, l'étrrrrrrrangler (en secouant bien la tête) et le mettre HORS COMBAT (émotionnellement parlant), pour qu'il ne reste plus aucun souffle de passion et que, plus jamais, on ne se retrouve… en DANGER de rechute.

C'est ce qu'on appelle le « meurtre de l'extase ancienne ».

Éva : Le meurtre de l'extase ancienne…

Moi : Oui. Mais c'est un travail qui doit se faire en solo. L'ex, lui, n'a rien à y voir !

Éva : Dommage…

Moi : Pourquoi ?

Éva : Parce que je MEURS d'envie de lui faire l'*AMOR* une dernière fois !

> IL FAUT VIVRE SES DEUILS POUR NE PAS SE RETROUVER AVEC DES RÉACTIONS INEXPLIQUÉES 15 ANS PLUS TARD ! OU ENCORE SE RÉVEILLER À 40 ANS ET RÉALISER QUE L'HOMME QUI DORT À CÔTÉ DE NOUS N'EST QU'UNE ERREUR.
> – ROCKSY

LES CARTES
ROMANCIENNES

Dans la vie, on peut
miser sur sa carrière ou sur
son couple. Entre les deux, on
peut aussi faire appel aux
cartes romanciennes.

19 h, lundi soir, Paris *time*. Nous sommes au 43 rue des Archives, dans le 3ᵉ arrondissement. J'assiste à un événement de la marque Biotherm, qui célèbre le vingt-cinquième anniversaire de sa gamme de soins pour hommes. La présentation terminée, je me dirige au deuxième étage où se déroule le cocktail dînatoire arrosé de champagne Laurent-Perrier. Au passage, un jeune homme m'aborde.

Lui : Vous êtes Canadienne ?

Moi : Hum… Québécoise.

Lui : Je m'en doutais, votre accent.

Moi : Oui, mon accent.

Lui : Il est mignon, votre accent.

Moi : Merci.

Lui : Vous restez longtemps à Paris ?

Moi : Non, pas vraiment. Je suis là pour le boulot, mais j'ai des copains aussi, alors je prolonge un peu.

Lui : Moi aussi.

Moi : Vous aussi quoi ?

Lui : Je prolonge.

Moi : Quoi donc ?

Lui : Cette conversation… Ne bougez pas ! Je reviens avec une coupe de champagne.

Deux secondes plus tard, il était déjà parti à la guerre pour me rapporter l'arme du crime : des bulles. Perspicace !

J'en profite pour me frayer un chemin dans la foule de journalistes et je me dirige tout au fond de la salle, là où se trouve le chef cuisinier et son éventail de petites bouchées de cuisine moléculaire. Visuellement, ça ressemble à des jaunes d'œufs crus qu'on aurait joliment déposés dans une petite cuillère design. La sophistication dans sa version la plus répugnante. Je me risque pour la verte, à saveur d'olive.

Rgub (sensation d'avoir une grosse boule de morve qui vous glisse dans la gorge). DÉGUEULASSE !

Il revient au moment où j'ai les yeux sortis de la tête, en pleine grimace *glamour*.

Lui : Ça va ?

Moi : C'est horrible, ce truc !!!

Lui : Étrange, un peu, en effet.

Puis il me tend un petit bout de papier déchiré, de forme rectangulaire.

Moi : C'est quoi ?

Lui : Ma carte.

Je baisse les yeux et je regarde le papier, griffonné à la main.

Moi : Une carte ?

Lui : Oui, bon, j'ai laissé les autres à la maison, mais toute l'info y est.

Je m'attarde un peu plus longtemps et je lis ce qui est écrit. Je lève les yeux, surprise.

Il sourit.

Au bas de son nom est inscrit ceci : « Aspirant au titre d'ambassadeur de votre cœur. »

Moi : C'est quoi ça ?

Lui : Ma carte romancienne. Je ne travaille pas ce soir... et j'aimerais bien perdre la carte avec vous. Vous m'engagez ?

> J'AIME LES FEMMES, TOUTES LES FEMMES. J'AIME LES SÉDUIRE, LEUR PARLER, LES FAIRE SE SENTIR BELLES. COMMENT SAVOIR SI VOUS SEREZ L'ÉLUE DE MON CŒUR TANT QUE JE NE VOUS AURAI PAS ABORDÉ ?
>
> – YANICK

LE CULOT
DU JARRET

J'adore complimenter les hommes. C'est sûrement mon côté macho. À défaut d'avoir un Apollon sur qui jeter mon dévolu tous les matins, je prends un malin plaisir à lancer des fleurs au premier venu. Attention !

La semaine dernière, je lunchais avec ma collègue Natacha au restaurant le Pois Penché, sur la rue Maisonneuve, à Montréal. Cette nouvelle brasserie parisienne chic propose des « cinq à huîtres » que je n'ai pas encore testés, mais dont seul le jeu de mots suffit à faire saliver mon esprit.

Donc, je suis là, et j'observe le décor…

L'ambiance est feutrée, chaleureuse, un brin guindée, et les chaises, rehaussées de velours bordeaux, me donnent subitement envie d'un bon merlot.

Le serveur arrive. Appelons-le monsieur Nicolas.

Monsieur Nicolas est très mignon, grand, mince, cheveux bleus, yeux blonds…

Lui : Bonjour, mesdames ! Que puis-je vous servir ?

Natacha : Un verre de rosé s'il vous plaît.

Moi : Je vous trouve très beau.

Lui : Pardon ?

Moi : Un verre de merlot !

Moment d'hésitation. Monsieur Nicolas me regarde et là… on suppose que son cerveau vient de faire un *repeat* de la scène… car je vois ses joues prendre la teinte de ma future boisson alcoolisée.

Lui (tout sourire) : Avec plaisir ! Un verre de rosé… et du rouge pour madame.

Natacha : Franchement !

Moi : Justement… je suis franche ! Combien de compliments retient-on par jour ? Je veux dire… Tout ceux qu'on pense et qu'on accumule à défaut de les verbaliser ? Ça pèse à la longue, ce flot de bons mots inavoués !

Natacha : C'est ta nouvelle théorie, je suppose !

Moi : Celle de la semaine… oui. Depuis que j'ai fait une indigestion de « jarret de mollet ».

Natacha : Hein ????

Moi : Une de mes amies s'est fait dire qu'elle avait un « beau jarret de mollet ! »

En anatomie humaine, le jarret est la partie du corps située entre la cuisse et le mollet, derrière le genou.

AUCUNE fille ne veut se faire dire qu'elle a un beau jarret !

Natacha : Ouach ! Quel compliment affreux !

Moi : En effet. Et c'est la raison pour laquelle je complimente tout ce qui bouge pour ne pas attirer le mauvais « karma du jarret ».

Natacha : Moi, on m'a déjà dit que j'avais du beau gras de bras, tu imagines ? Un cuir chevelu *sexy*, tant qu'à faire !

Moi : Et toi, tu complimenterais un mec que tu vois dans la rue simplement parce qu'il est digne de mention ?

Natacha : Non…

Au même instant, monsieur Nicolas arrive avec deux coupes de champagne rosé.

Lui : Avec les compliments de la maison… Et puis-je vous suggérer le plat du jour : un jarret de veau à la milanaise. Exquis !

Nooon ! ! ! !

IL Y A QUELQUE CHOSE DE SPÉCIAL DANS LE FAIT DE DONNER OU DE RECEVOIR UN COMPLIMENT. ON SENT QU'ON FAIT AU MOINS PARTIE DU PAYSAGE.

– MARIANNE

LES HAUTS
ET LES BOAS
DE L'AMOUR

Après avoir connu les hauts et
les bas d'un amour foudroyant,
certaines personnes restent trauma-
tisées à vie et se jettent cœur et âme
dans une relation sans risque d'élévation. Jusqu'au jour où quelqu'un
décide de sonner l'alarme…

Cloche et Clichée, le 24 décembre, à la messe de minuit…

Cloche : Alors, toujours avec ton collet chéri ?

Clichée : Non mais, t'as fini de l'appeler comme ça ? Il s'appelle Colin !

Cloche : Oui, bon. Colin-collant alors.

Clichée : Il n'est pas si collant que ça…

Cloche : Parle pour toi ! Ça fait combien de textos qu'il t'envoie depuis qu'on est ici ?

Clichée : Je sais pas…

Cloche : Bon, eh bien, moi, je sais compter. Et ça fait dix textos en une heure !

Clichée : Tu exagères.

Cloche : Non. Et le pire dans tout ça, c'est que tu n'es même pas amoureuse de lui.

Silence… Ou plutôt… *Ding ! Ding ! Ding ! Ding !*

Le prêtre : À genoux ! C'est le moment de prier…

Cloche (dans l'oreille de Clichée) : Je me trompe ?

Clichée : Soupir…

Cloche : Bon. Alors… Pourquoi est-ce que tu te laisses envahir comme ça ?

Clichée : En fait, je ne sais pas si je suis en couple seulement parce qu'il est amoureux de moi et qu'il veut s'engager ou bien si je suis vraiment amoureuse de lui. J'ai tellement perdu de plumes dans mes relations passées que j'ai peur de ne plus jamais pouvoir aimer !!!

Cloche : Alors tu dois absolument t'acheter un boa.

Clichée : Un quoi ?

Cloche : Un BOA.

Clichée : Tu parles de ce truc hideux en plumes ?

Cloche : Tout à fait !

Clichée : Jamais de la vie ! Des plans pour avoir l'air d'une vieille délurée *has been*.

Cloche : Mais rien ne t'oblige à te pavaner avec ton boa dans la rue ! Dans le Club des BOAmiennes, le Boa sert à apprivoiser l'art de la BOAttitude.

Définition de la Boattitude : état de parfaite félicité dont jouissent les élus du cœur.

Cloche : Avoir la BOAttitude, c'est laisser libre cours à nos fantaisies ! C'est retrouver l'euphorie de nos

premiers amours, l'extase, la satisfaction infinie ! Raison pour laquelle les BOAmiennes DÉTESTENT les collets !

« Chuuuuuuuuuuuuuut ! » Cloche et Clichée se retournent… Le son provient d'une femme assise sur le banc derrière. Elle a les traits sévères et son regard froid lui donne un air aigri de la vie. À côté d'elle, son mari prie. Sûrement pour qu'elle disparaisse de sa vie…

Cloche : Tu vois ??? Tu veux vraiment devenir comme ça ???

Clichée : NON !!!!

Cloche : Alors viens à une session de BOAmiennes avec moi.

Clichée : Bon. OK… Ça commence par quoi ?

Cloche : Une leçon de BOAladi.

Pour voir s'il te reste du cœur au ventre !

JE PRENDS TOUT LE POSITIF DE LA RELATION ET JE ME FAIS UNE RÉSERVE DE BONHEUR. SI UN JOUR ÇA CASSE ET QUE ÇA FAIT MAL, EH BIEN J'AURAI UNE RÉSERVE DE BONNE ÉNERGIE ET PLEIN DE BONS SOUVENIRS. C'EST MA FACON DE VIVRE MA « BOATTITUDE »…

– VÉRONIQUE

L'AMOUR
TÉLÉCOMMANDÉ

On dit que l'amour
télécommandé est la
meilleure façon de trouver
chaussure à son pied.

Par exemple, la semaine dernière, ma tante est venue me rendre visite au chalet avec son copain, avec qui elle est maintenant depuis cinq ans. En échange de quelques jours au bord de l'eau, ce dernier m'a offert de faire quelques bricoles çà et là…

Alors que M. Bricole faisait le tour du chalet, ma tante et moi en avons profité pour parler… fondations.

Moi : Pas mal d'être tombée sur un menuisier !

Ma tante : Oui… Mais c'est ça que j'avais commandé.

Moi : Commandé ?

Ma tante : Oui. Je le voulais avec des bottes de construction.

Moi : Tu veux dire que tu as visualisé les bottes avant de visualiser… la tête ?

Ma tante : Oui. J'ai commencé par les pieds. Après tout, c'est la base ! Ensuite, j'ai attendu… Et il est arrivé !

Le lendemain, en magasinant avec mon amie Tania…

Moi : Je crois que je vais me télécommander un *chum* avec des palmes.

Tania : Télécommander ? Des palmes ? Mais de quoi tu parles ?

214

Moi : Oui. C'est ce que ma tante a fait pour rencontrer son *chum*. Elle a demandé des bottes de construction et ça a marché ! Il est menuisier.

Tania : Et les palmes, on peut savoir à quoi ça sert dans la vie ?

Moi : À plein de choses ! D'abord, avec des palmes, on peut aller vite, mais de façon très sensuelle. Le mouvement est fluide, gracieux… Ensuite, les palmes sont de précieuses alliées pour continuer à nager, même en période de remous. Elles économisent le souffle et ne font pas de vagues.

Tania : Très poétique, ton truc. Mais bon. Des palmes, ça n'est pas très pratique pour garder les pieds sur terre.

Moi : Hum… Des ailes, alors !

Tania : Non. Des patins.

Moi : Des patins ?

Tania : Oui, pour aller droit au but !

Moi : Non, pas des patins. Ce sont des lames à double tranchant.

Tania : Bon. C'est nul, ton truc. On ne réussira jamais à trouver une paire de chaussures qui signifient à la fois bon gars, bon *cook* et bon mari.

215

Moi : Oui… Des bas blancs ! ! !

OUACH !

> EN AMOUR, PENSEZ À LA PERSONNE
> QUE VOUS SOUHAITEZ ATTIRER DANS
> VOTRE VIE (À TOUS LES NIVEAUX) ET
> INTÉGRER CES TRAITS DE CARACTÈRE
> EN VOUS.
>
> — M. ARLEQUIN

CONSTRUIRE UN AMOUR...
SANS TOIT

Certains couples passent des années à construire leurs fondations pour arriver à une relation qui s'appuie sur du solide. Ma question est celle-ci : Que fait-on lorsque cette relation n'atteint jamais le sommet escompté... ce fameux toit de l'amour ?

Le couple d'une de mes amies, Christiane, est en pleine crise. Immobile et figée dans l'incompréhension, la relation ne progresse plus. Résultat : tous leurs beaux projets sont ébranlés.

Christiane : J'ignore ce qui s'est passé. Pourtant, nous avons tout fait selon les règles de l'art : commencer par la base, défricher le terrain, apprendre à se connaître mutuellement. Nous avons ensuite établi un plan de construction en trois étapes : les fondations, les murs et le toit.

Moi : Et puis ?

Christiane : Comme nous étions tous deux d'accord sur l'importance des bonnes fondations, nous y avons consacré plusieurs années.

Moi : Et qu'est-ce qui est arrivé ?

Christiane : L'étape des murs a mal tourné.

Les murs. Ces murs d'incompréhension qui s'érigent et qui finissent par séparer deux individus. Chacun se retrouve alors isolé de son côté, le besoin d'air prend le dessus… L'idée de refermer le toit devient de plus en plus suffocante… et paf !! Tout s'écroule alors qu'on croyait nos fondations si solides.

Christiane : Je crois qu'on s'est emmurés vivants. Mais que dois-je faire ??? Je ne veux pas tout détruire.

Moi : Pourquoi ne pas abattre des murs ?

Christiane : Abattre des murs ?

Moi : Les fondations sont essentielles. Et à mon avis, le toit l'est tout autant. Sinon, la relation ne va nulle part. En revanche, la meilleure façon de se rendre au sommet, c'est de vivre dans un amour à aire ouverte. Un *loft love* sans murs !!

Christiane : Tu crois ?

Moi : Je n'ai pas la science absolue de l'amour, mais je sais que faire tomber les barrières, s'éclater à deux dans une nouvelle dimension, ça permet souvent à la relation de vivre un nouveau souffle.

Christiane : Mais notre relation a toujours été si sérieuse, sans excentricité… Je ne sais pas si je pourrais faire ça avec lui. J'aurais dû le faire avant. Commencer par le toit, les folies, l'apogée, et terminer par les fondations…

Moi : Peut-être, mais il n'est jamais trop tard. Un séjour dans les nuages peut s'avérer une excellente façon de renouer avec nos fondations.

Après tout, rien n'est jamais coulé dans le béton…

LA FONDATION D'UNE RELATION N'EST-ELLE PAS DE POUVOIR S'APPUYER SUR LE TOI ?

— DANIEL N.

L'AMOUR
EN A-PESANTEUR

Pour éviter les
décollages ratés, tout le
monde devrait se munir d'une
Combi-Raison Spéciale
et maîtriser l'Art de l'Amour
en A-Pesanteur.
Je m'explique.

Il y a quelques mois, une de mes copines, Stella, est tombée amoureuse d'un homme au cœur volage qui lui a volé son cœur au premier baiser. Elle l'aimait fort, si fort… qu'elle en a oublié la leçon n° 1 de la NANA Scaphandre : l'homme a besoin d'oxygène et d'un environnement « sans pression atmosphérique » pour se rendre jusqu'à destination (la nôtre) sans étouffer.

Un jour, le mec en question a eu envie de prendre une grande bouffée d'air. Il a donc fait ses valises, et il s'est envolé… sans elle.

Stella : Oh mon Dieu… C'est affreux. Il est parti ! ! ! ! ! Qu'est-ce que je vais devenir ? ? ?

Moi : Il t'a donné une raison en particulier ?

Stella : Il m'a dit que je l'étouffais…

Moi : C'est vrai ?

Stella : Mais non ! Enfin, rien d'excessif. Je lui demandais avec qui il sortait le soir. Il était bien pire que moi ! J'ai même trouvé un bout de papier sur lequel était inscrit « deux jaunes, un mauve, un doré, un noir… »

Moi : C'est quoi, ça ? Ta liste de bas collants ?

Stella : Non. Ma réserve de condoms !

Certaines limites, lorsque franchies, risquent d'alourdir une relation. D'où la nécessité de faire des cures d'Amour en A-Pesanteur.

L'A-Pesanteur signifie ABSENCE de Pesanteur. C'est une technique très simple, mais excessivement efficace qui demande tout simplement d'ajouter un « A » à Pesanteur.

Exemple.

Lui : Je sors avec mes amis, ce soir.

Elle : A.

Lui : Bonne soirée, chérie !

Elle : A + !

Stella : Plus facile à dire qu'à faire !

Moi : La première fois, c'est dur, mais après, on s'endurcit.

Stella : Bon, si tu le dis.

Moi : Je te jure. Quelques « A » çà et là, et il te donnera ta Lune (de miel).

Stella : Je voudrais tellement que tu aies raison !

Moi : Mais pour que ça marche, tu dois aussi faire quelques décollages à l'occasion.

Stella : Des décollages ?

Moi : Oui. Des décollages affectifs. Indispensables pour planer à long terme.

Stella : Tu veux que je sorte sans lui ? ? ?

Moi : Oui. Mais jamais sans ta Combi-Raison.

La Combi-Raison est un vêtement doublé de coussins amortissants (pour éviter les rechutes) qui nous permet d'affronter une température excessivement *HOT* (d'attirance extrême) et qui résiste à l'assaut des phéromones et autres émanations de séduction (destructrices).

Un *MUST* pour vivre un amour en A-Pesanteur... sans risque de *crush* !

L'AMOUR EST LA RENCONTRE
DE DEUX LIBERTÉS.
– MANON C.

L'AMOUR
ACCROCHE-COEUR

Il y a les relations qu'on boucle, celles qui reviennent en boucle et d'autres auxquelles on s'accroche et qu'on refuse (délibérément) de boucler totalement, quitte à se les repasser en boucle toute notre vie...

Chaque année, Rosette et Alice se réunissent dans un lieu qui tourne : une porte d'hôtel tournante, un escalier en colimaçon, la grande roue à la Ronde… ou encore autour d'une table tournante dans une soirée DJ. Cette année, faute de temps, elles s'étaient donné rendez-vous au tourniquet du métro Bonaventure, à Montréal.

Rosette : Allez, passe, c'est à ton tour !

Alice : Mais je ne sais pas quoi dire ! ! !

Rosette : Mais dis n'importe quoi ! Il y a sûrement un truc qui ne tourne pas rond dans ta vie ? ?

Alice : Bon… OK.

Elle avance d'un pas, inspire profondément, ferme les yeux… s'approche du tourniquet…

Alice : Je veux retouuuuurner avec mon ex !

La roue tourne… Clac ! Elle franchit le tourniquet.

Rosette : Ah non ! Pas ça ! Tu n'as pas le droit de retourner dans le passé. Le but du jeu est de faire tourner la roue… par en avant. Tu le sais pourtant !

Alice : Je sais… mais je n'arrête pas de penser à lui. C'est plus fort que moi !

Rosette : Bon… Dans ce cas, il faut que tu trouves un moyen pour que ton ancienne relation te fasse évoluer dans le bon sens.

Alice : Pour moi, un retour en arrière est la seule façon d'avancer. Mais je ne sais pas comment faire... Je veux qu'il revieeeeeenne ! ! !

Rosette : Alice... Aliiiiiice ! ! !

Alice : Hein, quoi ?

Rosette : Il y a un monsieur qui veut passer. Tu veux bien cesser de tenir le tourniquet comme s'il s'agissait de ta bague de mariage ?

Alice : Oups... Désolée, monsieur, allez-y.

Au même instant, le monsieur (un grand chauve à moustache colimaçon) regarde Alice dans les yeux et lui lance ceci : « Essayez l'accroche-cœur ! Ça a marché pour ma femme... » Puis il disparaît dans les dédales souterrains de Montréal.

Alice : Qu'est-ce qu'il a dit ?

Rosette (le regard perdu dans ses pensées) : C'est un vieil adepte de la théorie de l'accroche-cœur... J'ignorais que ça existait encore !

Alice : C'est quoi, ce truc ?

Rosette : Selon les Aimants de l'accroche-cœur, toutes les relations qui nous ont profondément accrochés refont surface un jour... Mais pour qu'elles fonctionnent à nouveau, il faut porter l'accroche-cœur.

Alice : C'est quoi, ça ?

Rosette : Une petite mèche de cheveux lissée en boucle sur la tempe…

Alice : J'en veux une ! ! ! ! !

Rosette : Mais attention. Pour que ça fonctionne, tu dois être certaine que tu es accrochée… et non accro ! Car dans ce cas, tu risquerais de faire fuir la relation à tout jamais.

Alice : Je ne suis pas accro ! ! ! !

Rosette : Alors essaie l'accroche-cœur… et accroche-toi !

Après tout, les anciennes relations, c'est comme les coupes de cheveux. Elles finissent toujours par revenir à la mode un jour où l'autre… Pas vrai ?

> L'AMOUR EST PATIENT. IL N'EST PAS ENVIEUX, IL NE CHERCHE PAS À SE FAIRE VALOIR, IL NE S'ENFLE PAS D'ORGUEIL. IL NE CHERCHE PAS SON PROPRE INTÉRÊT, IL NE S'AIGRIT PAS CONTRE LES AUTRES, IL NE TRAME PAS LE MAL. EN TOUTE OCCASION, IL PARDONNE, IL FAIT CONFIANCE, IL ESPÈRE, IL PERSÉVÈRE.
>
> – JÉ

228

ALCOOTEST

LOVE

Quel degré d'alcoolémie est acceptable lors d'une première *date*? Devrions-nous rester sobres et pratiquer le *dating* tolérance zéro pour se rendre au sublime baiser sans *crasher* dans le canapé? La question se pose.

Les célibataires consomment en général plus d'alcool que les petits couples rangés. C'est un fait prouvé scientifiquement et qui repose sur des recherches exhaustives festives très sérieuses. Le célibat peut aussi mener à un léger penchant pour l'alcoolisme de séduction, lequel pouvant engendrer certains accidents de parcours…

C'est pourquoi mes amies et moi avons décidé d'inventer l'AlcooTEST LOVE. Ce fameux test que les corps policiers font subir aux conducteurs automobiles soupçonnés d'avoir consommé trop d'alcool, mais version *dating*.

En plus de régulariser la quantité de cocktails ingurgités, l'ivressomètre LOVE aurait aussi pour fonction de doser le taux de chimie entre deux personnes. Résultat : plus d'embrouille, tout est clair dès le premier soir !

Martine, Chloé et moi, un dimanche matin, mimosa à la main.

Moi (à Martine) : Super soirée, hier ! Comment ça s'est terminé avec ton mec ? Quand je suis partie, vous étiez en train de vous *frencher* passionnément derrière la porte !

Martine : Oui, très *cool*, mais merde, je crois que j'ai encore trop bu… Je suis arrivée chez lui et j'ai sombré

dans un profond coma. Ce matin, j'avais les yeux bouffis XXL, une haleine de cheval et je me suis réveillée en sursaut parce que je m'entendais ronfler !! Tu imagines ?? Sûr et certain qu'il ne me rappelle pas.

Moi : Ouais… Mais peut-être qu'il ne t'a pas entendue non plus.

Martine : Il m'a poliment mentionné qu'il avait fait un peu d'insomnie. La honte, quoi !

Chloé : Mais tu devrais apprendre à te contrôler. Moi, je pratique le « *dating* sobriété » depuis quelque temps et je te jure, ça fonctionne !

Moi : Ah oui ?

Chloé : Oui. En fait, c'est une décision que j'ai prise après mon cinquième réveil aux côtés d'un gars affreusement inintéressant. Mon problème, c'est que quand je bois, mes repères de beauté sont complètement embrouillés et je trouve tout le monde beau ! Tu vois la suite…

Moi : *Dating* tolérance zéro, c'est bien beau, mais moi, j'aime bien trinquer un peu dans une soirée romantique… Ça détend l'atmosphère et ça réchauffe les esprits. Non ?

Martine : Mais moi aussi ! Seulement, je n'arrive pas à respecter ma limite. Du coup, je deviens ivre d'amour dès le premier soir et je fais des déclarations bidon que je ne devrais JAMAIS faire... J'ai besoin d'un AlcooTEST LOVE !

Moi : Je seconde.

Chloé : Moi aussi !

Et si on l'inventait pour vrai ?

Avec un slogan comme celui-ci : Je ne voudrais pas péter votre balloune mais... Voulez-vous souffler dans la balloune ?

POW !

> PARFOIS, DANS L'EUPHORIE DU MOMENT, ON OUBLIE DE DOSER... IL N'Y A PAS DE RECETTE-MIRACLE SAUF DE MODÉRER !
>
> – MARIANNE

ET SI ON RENDAIT L'ÂME SŒUR?

Tous ces gens qu'on rencontre dans une vie… Ces personnes qui passent ou qui restent, parfois en amis, tantôt en amants, les ruptures, les échecs, les regrets, les instants volés, les rendez-vous manqués… Et si, au final, ça prenait toute une vie pour trouver l'homme de sa vie?

Il y a quelques semaines, je prenais un verre avec un ami ex-amant plus ou moins à l'aise dans son statut d'ami. Après quelques échanges sur nos dernières histoires de cœur, il m'avoue ceci :

Lui : Je pense que c'est seulement sur notre lit de mort qu'on saura vraiment qui était notre âme sœur, LA personne de notre vie.

Moi : Trouver l'âme sœur et puis rendre l'âme… Tu parles d'une affreuse façon de penser. C'est mortel comme théorie.

Lui : Peut-être… Mais moi, c'est ce que je crois de plus en plus.

Moi : Et pourquoi ça ? Pourquoi ne pas être assez lucide pour réaliser que notre cœur est vivant bien avant de mourir ? Pourquoi attendre de crever pour exploser d'amour ? Sentir son cœur battre une fois sur son lit de mort… non. Je refuse.

Lui : Mais je ne dis pas que l'amour de notre vivant n'est pas véritable… Je dis seulement que c'est à la toute fin qu'on saura vraiment.

Moi : Tu crois ? Tu crois sincèrement qu'on doit attendre tout ce temps ?

234

Lui : Je n'en sais rien… Tout ce que je sais, c'est qu'une semaine, je croise un de mes amis qui me parle d'une fille comme de la femme de sa vie, et que deux ans plus tard, je les vois et ils ne sont plus ensemble. C'est comme ça.

Moi : Je crois que les gens ne se contenteront plus d'un seul homme/femme dans leur vie… Ça tue, à la fin.

La preuve, j'ai croisé une copine dernièrement qui me parlait d'un nouveau *prospect* qu'elle aimait particulièrement… Je lui ai demandé :

Moi : Et alors, tu penses que ça pourrait être le bon ?

Elle : Je ne sais pas… Je ne suis pas pressée. Après, tu imagines, tu es avec la MÊME personne TOUTE ta vie. C'est long ! ! ! !

Finalement, au rythme où meurent les relations amoureuses, les générations futures se marieront peut-être à leurs obsèques lors d'une célébration romantico-funèbre… Un testament en guise d'alliance. Je lègue mon cœur à Suzie, et mon cul à Sophie. Pas de jalousie, mes chéries.

Ah et puis NON ! Je veux mourir d'amour bien avant ! !

RESTER TOUTE UNE VIE AVEC UN SEUL HOMME NE FAIT PAS DE LUI NOTRE ÂME SŒUR, ÇA FAIT DE LUI L'HOMME DE NOTRE VIE. ET CHACUNE Y VA DE SON INTERPRÉTATION SUR CE QU'EST L'HOMME DE SA VIE.

– BOLIEU

L'INTÉRÊT
DU TEMPS

Tout serait tellement
moins compliqué si on
pouvait gérer notre vie
comme on gère son budget.
Car ce qui est pire que d'être
nul en finances, c'est de faire
banqueroute en gestion
personnelle.

Par exemple, si on se fie au modèle standard suivant...

- $\frac{1}{4}$ de notre salaire pour la maison ;

- $\frac{1}{4}$ pour l'auto ;

- $\frac{1}{4}$ pour la bouffe ;

- $\frac{1}{4}$ pour les extras ;

on devrait pouvoir appliquer le même principe, mais pour notre temps et énergie !

Ce programme pourrait se nommer : Le grand BUT du JE.

Les grandes lignes ?

- $\frac{1}{4}$ pour la relation amoureuse (*dating*, nouvelles rencontres, etc.) ;

- $\frac{1}{4}$ pour le travail ;

- $\frac{1}{4}$ pour du temps pour soi ;

- $\frac{1}{4}$ pour les amis, la famille et les extras.

De cette façon, pas de sentiment d'obligation, de culpabilité ni de manipulation. Une simple question de gestion !

Belle-maman nous invite à passer l'après-midi chez elle ?

— Désolée, j'ai déjà épuisé mes réserves de temps « famille ». Le mois prochain !

Notre amie Régine veut qu'on garde son chien pour le week-end ?

— Bon, ça va, il me reste du temps dans mes « extras ».

Aucun transfert possible (sauf pour les soupers romantiques).

Un bon moyen d'éviter les crises : couper à certains endroits (trop d'heures sup', un peu moins de débauche, plus de soupers de famille...) pour remettre nos émotions à flot et maximiser notre rentabilité personnelle. On se questionne aussi sur la pertinence du temps alloué à notre dernier flirt bidon, aux discussions sans issue et à la qualité des moments qu'on accorde à ses parents et amis.

Bref, un véritable travail de calcul mental qui pourrait nous guider vers une vie parfaitement rentable.

Maintenant, comme le temps fluctue sans arrêt, il y aura toujours certains ajustements à faire (moins d'amis, plus de travail) selon la période donnée.

L'important est de faire des placements équilibrés pour ne pas tout perdre d'un seul coup.

Du moins, vous avez intérêt !

> L'IMPORTANT N'EST PAS DE SE REGARDER L'UN ET L'AUTRE, MAIS DE PRENDRE LE TEMPS DE SE CONNAÎTRE ET DE REGARDER TOUS LES DEUX DANS LA MÊME DIRECTION.
>
> – BENOIT

L'ART DE PARTIR
AU GALOP

Apprendre à connaître quelqu'un, c'est long. Il faut découvrir ses ambitions, son degré de confiance en soi, sa relation face aux hommes ou femmes, etc. En général, plusieurs *dates* sont nécessaires pour faire le tour du sujet, voire une vie ! Sauf quand on a droit à la méthode du « Cheval dans le désert ». Je vous explique.

L'histoire se déroule un vendredi soir, au resto l'Assommoir, sur la rue Bernard à Montréal. J'aime bien cet endroit et je commande toujours la même chose : un duo de tartare. J'ignore pourquoi, mais ce soir-là, je bavais pour une bavette…

Donc, nous sommes là, Gina, Marie-Hélène et moi. Et on boit du vin.

Marie-Hélène : *Tchin* les *girls* !

Moi : Oui, au vendredi !

Soudain, un trio de Français s'approche et nous aborde (sans préambule) : « On peut se greffer à vous ? »

Nous (sans préjugé) : Bien sûr !

Le temps de le dire, notre trio se fractionne en trois duo, et je me retrouve avec le psycho *freak* des trois. Évidemment !

Lui : Tu es bizarre.

Moi : En effet.

Lui : J'aime les gens bizarres.

Moi : Étrangement, mais moi aussi.

Lui : T'as envie de faire un jeu de psycho ?

Moi : Pourquoi pas !

Lui : Imagine que tu es dans le désert…

Moi : Hou-là-là…

Un autre verre, s'il vous plaît !

Lui : Donc, tu es dans le désert, et tu aperçois un cube. De quelle grosseur est-il ?

Moi : Hum… trois mètres !

Lui (avec un regard de « perceur d'âme ») : Très bien… Maintenant, de quelle couleur est-il ?

Moi : Transparent !

Lui : Des fenêtres ?

Moi : Non !

Lui : Pas de fenêtres… Très bien. Il y a aussi un cheval. Où est-il ? Et de quelle couleur ?

Moi : Il est juste devant et il est tout blanc !

Lui : Et le ciel ?

Moi : Rempli d'étoiles !

Il me regarde… m'analyse… scrute les profondeurs… de mon décolleté.

Moi : Alors ? Verdict ?

243

Lui : Eh bien... le cube, c'est la grosseur de ton *ego*. Il fait trois mètres. Ce qui veut dire que tu as confiance en toi, mais pas de façon démesurée. Il est transparent. Donc, ce qu'on voit de toi, c'est pur, c'est vrai. Mais en même temps, il n'y a pas de fenêtre, donc c'est difficile de t'atteindre plus en profondeur. Et ton ciel est rempli d'étoiles... tu as des milliers de projets !

Moi : Pas mal... Et le cheval ?

Lui : Oui, le cheval... Il est devant le cube, donc, les hommes, l'amour, c'est important pour toi... Mais il est blanc.

Moi : Et alors ?

Lui : Tu cherches une âme pure, le prince charmant.

Puis il se lève...

Moi : Pourquoi il y avait un « mais » ? Et pourquoi tu files comme ça ?

Lui : Parce que moi, je suis un cheval NOIR, un étalon tourmenté... et comme je te respecte, je ne veux pas te faire perdre ton temps.

Moi : Et la ZONE GRISE, alors ? Tout le monde en a une !

244

Lui : Tu as raison... mais la mienne est partie avec mon ancienne cavalière. Depuis, je broie du noir...

Finalement, l'amour, c'est comme jouer aux dés. On ne sait jamais sur quel numéro on va tomber.

Suivant, *next !*

J'AI RENCONTRÉ UN CHEVAL NOIR QUI S'EST TRANSFORMÉ EN CHEVAL BLANC. CELA DEMANDE DE LA PATIENCE, DE LA COMMUNICATION ET BEAUCOUP D'AMOUR.

– SILVIE

LES DINOSAURES
DE MARBRE

La chirurgie esthétique a créé une nouvelle espèce humaine. J'ai nommé : les dinosaures de marbre. J'ai eu la chance de faire l'observation de cette espèce en voie d'expansion lors de mon dernier séjour dans le sud des États-Unis.

Ni tout à fait heureux, ni tout à fait malheureux (du moins, impossible de savoir), les « dinomarbrusses » se reconnaissent facilement à leur non-expression faciale. Pour eux, l'élévation de l'âme passe par l'élévation du sourcil (toujours plus haut, toujours plus beau !) et leur philosophie se définit par : « Plus j'aurai l'air surpris, plus je sourirai à la vie. » Qui plus est, ces « choses » (en général des femmes) n'ont aucun sens de la proportion et s'encombrent continuellement d'atouts surdimensionnés pour accessoiriser leur physionomie. La première fois que j'ai vu mon premier spécimen, j'ai eu peur (genre film d'horreur). Étais-je vraiment dans la réalité ? Se pouvait-il que quelqu'un s'auto-malforme à ce point ? Je me sentais comme un enfant qui fixe trop longtemps, résistant à l'envie de pointer du doigt et de crier : « MON DIEU ! T'as vu celle-là ? Ses lèvres sont immmmmmenses ! ! » Je me suis retenue. On ne sait jamais… Et si ça mordait cette chose mutante ? Pas de danger… En fait, ce sont les descendants de la lignée des Grandes Garnottées (ces femmes qui rêvaient de diamants) qui aspirent aujourd'hui à une beauté figée dans le temps. Résultat : elles ont toutes l'air d'avoir cent dix ans (et de débarquer de la planète FREAK). Après le *scrapbooking*, place au *scraplooking* !

Et si on délimitait des « zones protégées » pour éviter la grande invasion ? Fossiliser l'ADN des femmes pour se rappeler qu'un jour elles avaient des lèvres douces

et délicates et que leur bonheur pouvait se mesurer au nombre de rayons entourant leur regard si lumineux ?

RECHERCHONS CE REGARD SI PROFOND QUI SE REND DIRECTEMENT À L'ÂME. LES MOTS SERONT ALORS INUTILES ET L'ENVELOPPE DEVIENDRA SECONDAIRE.

– JOJO

LE PARFUM
DE L'AMOUR

Depuis quelque temps, je trippe
« sur mesure ». J'ai d'ailleurs découvert le Labo, une boutique basée à New
York (sur la très *hot* Elizabeth St.), qui
nous offre la possibilité de personnaliser
notre fragrance en lui collant une étiquette
du genre « Judith in love ». Le but ?
Nous faire sentir unique, exclusive,
privilégiée.

Pour ma part, j'ai décidé de transposer l'idée en « Love Labo » pour élaborer mon « odoramant » de rêve. Un « parfhomme » ultra capiteux (et non piteux), volatile (et non volage) et au fort pouvoir enveloppant (et non « étouffant »). En voici la pyramide olfactive.

Note de tête

Comme les notes de tête se volatilisent rapidement (mais produisent une surexcitation des sens), on peut y inscrire les caractéristiques qui nous charment au premier abord, mais dont on se lasse rapidement, comme les notes grisantes-énergisantes (souvent très aveuglantes). Par exemple : « il fait la fête tous les soirs », « il parle haut et fort sans arrêt », « il magnétise tout ce qui bouge ». De ça, on veut un *pschiiit* et puis, du vent !

Note de cœur

Dans l'évolution d'un parfum, la note de cœur détermine le thème général. C'est ce qui marquera l'ambiance de la relation. Elle se développe après la note de tête, mais avant la note de fond. Donc, on y va à fond ! On veut tout : un zeste de romantisme, un soupçon de folie, une pluie de fous rires et une chimie physique sans limite ! « Toi, plus je te sniffe, plus je te veux ! »

Note de fond

C'est là tout le secret du « longue durée ». Pour y arriver, on doit choisir des notes qui s'harmonisent

avec notre caractère. Tout est question de dosage ! On évite les conservateurs (trop chimiques) et tout ce qui donne des haut-le-cœur. On mise plutôt sur des notes cocons qui nous guideront vers la « *douce brise du bonheur* ».

Bon. Maintenant, il y a des parfums qui nous collent à la peau, et d'autres qui tournent au vinaigre. Mais si on choisit des ingrédients de qualité, on risque de tomber plus facilement dans les vapes de l'*amouuuur...*

En espérant qu'elles ne s'évaporent pas trop rapidement !

LA MESURE D'AIMER EST D'AIMER SANS MESURE. LE BOIS DE SANTAL N'OFFRE-T-IL POINT SON PARFUM MÊME À L'ACIER QUI LE FEND...

– FRANÇOIS

LA BANALISATION
DU BAISER

Une de mes amies,
Kathy, adore embrasser.
C'est son sport de soirée. Pour
elle, ce twist langoureux lui
procure une sensation de
bonheur et elle appelle ça : son
amuse-gueule favori.

Gina, Sonia et moi… au bar à vin Pullman… entre deux tapas.

Moi : Kathy a encore embrassé un mec hier…

Gina : Il est intéressant ? ?

Moi : Je ne sais pas… Je ne crois pas qu'elle soit particulièrement intéressée. À mon avis, c'était comme ça. Pour le *fun*. D'ailleurs, qu'est-ce que tu penses des gens qui s'embrassent sans émotion, comme s'il s'agissait d'une activité quelconque ?

Gina : Moi, je ne suis pas capable.

Moi : Pourquoi ?

Gina : D'abord, parce que c'est un échange de fluide.

Moi : Ouais. Vu comme ça… C'est un peu moins appétissant.

Le serveur : Alors… Un miniburger de bison, un carpaccio de bœuf et trois pétoncles poêlés…

Nous : Merci !

Gina : En fait, je suis assez dédaigneuse pour ce genre de truc. Pour accepter un échange de salive, je dois vraiment aimer le gars ou être fortement attirée par lui.

Moi : Tu parles de façon si… « biologique ». Dois-tu posséder le profil d'hygiène bucco-dentaire de TOUS les mecs que tu embrasses ???

Gina : Non. Pas du tout. Mais à la limite, je préfère « *dormir* » avec quelqu'un seulement pour le plaisir plutôt que d'embrasser sans amour.

Moi : Intéressant… Et toi, Sonia ?

Sonia : Moi, je trouve qu'embrasser est devenu aussi banal que de se tenir par la main. Un dîner au resto, un petit mot doux et hop ! « *Tu me donnes un bisou ?* »

Gina : Oui ! Il devrait exister des trucs et astuces pour s'en tirer… sans tour de langue !

Moi : Et que faites-vous du proverbe qui dit : « Un baiser de volé, dix d'envolés ! »

Sonia : Je ne suis pas d'accord. Ce genre de truc, on ne peut pas le forcer, on le sait instantanément !

Gina : Moi, je crois que l'amour et l'attirance peuvent se développer au fil du temps. Car de toute façon, les gens envers qui on ressent une forte attirance sont rarement les personnes avec qui on risque de passer notre vie…

Sonia : Eh, mais c'est Kathy qui arrive !

257

Kathy : Hello les *girls* ! Je ne savais pas que vous étiez là ! Alors, vous vous faites une soirée d'amuse-gueules ?

Moi : Oui, on essaie ! Mais on est très difficiles alors… ça ne marche pas trop.

Kathy : Comment ça ?

Moi : C'est simple. On veut des bouchées cinq étoiles, à déguster sans salive et relevées de saveurs instantanées… De quoi rester sur notre faim !

> EMBRASSER C'EST COMME FAIRE
> L'AMOUR ; PARFOIS C'EST FOUGUEUX,
> PARFOIS C'EST TENDRE, PARFOIS C'EST
> AMOUREUX, PARFOIS C'EST DOUX,
> PARFOIS C'EST BESTIAL ET PARFOIS
> C'EST TOUT CELA RÉUNI.
> – YHELLWI

VÎVE LE
CÉLIBALIMENTAIRE !

L'autre jour, en faisant mon épicerie, j'ai surpris la conversation d'un couple en pleine crise budgétaire. Du coup, j'ai réalisé que mon statut de « célibalimentaire » présentait finalement certains avantages.

La fille : Ah oui, c'est vrai… Il ne reste plus de Nutella !

Elle prend alors le plus gros pot (pulsion typiquement SPM) et le dépose dans le panier.

Le gars : Mais t'as vu combien ça coûte ? **Suivi de la phrase qui tue :** T'avais pas commencé un régime d'après Noël ?

La fille : Pardon ? Et alors, tu achètes bien ton saucisson-dégeu-style-boudin-à-saveur-de-matières-grasses !

C'est à ce moment-là que j'arrive dans la rangée fatidique (celle du Nutella), qui, à mon avis, ne devrait être réservée qu'à la gent féminine. Au même titre que la rangée des bières-chips-et-autres-cochonneries ne devrait être dédiée qu'aux gars (avec autorisation de supervision féminine, évidemment).

Moi : Scusez.

Je ne parle pas au couple (jamais je n'oserais m'interposer entre le saucisson et le pot de Nutella). Je m'adresse plutôt à un « épicier » qui stagne devant ladite zone de convoitise (celle du Nutella). D'ailleurs, je ne sais pas pour vous, mais moi, j'ai horreur des gens qui restent plantés devant un étalage dans un état végétatif absent… Vous attendez quoi, que les pots tombent des tablettes ? Je répète :

Moi : SCUSEZ.

Le « végétal » se tasse dans un grognement qu'on pourrait traduire par « pardon », « oups »… ou « tu m'énerves »… Qui peut savoir ?

Je prends alors le PLUS GROS pot de Nutella (solidarité féminine oblige) et je le mets dans mon panier, aux côtés des autres items chouchous de la semaine (mûres, fraises, bleuets) à des prix hors saison exorbitants. Et c'est là toute la magie d'être « célibalimentaire » !

Une semaine je trippe raisins ? J'en achète trois paquets, et je me gave. Un jour j'ai envie de pop corn ? J'en achète trois sachets, et je m'éclate. Un soir j'ai envie de bon vin ? J'en achète trois bouteilles et je me saoule.

Et le lendemain, je cours au marché m'acheter un pot de Nutella.

> LE CHIC À TOUTE HEURE, LE CHOC PERMANENT ET LE CHÈQUE AVEC FONDS ILLIMITÉS EN UN SEUL… JE N'AI PAS TROUVÉ LA COMBINAISON EN UN SEUL TIRAGE. MAIS AVEC TOUS LES HOMMES QUE J'AI RENCONTRÉS, J'AI GAGNÉ CHAQUE FOIS MA PART DE BONHEUR, MA PART DE LARMES ET UN APPRENTISSAGE DE LA VIE INCOMPARABLE.
> – BOLIEU

CHAMPAGNE
IN THE CITY

À défaut d'avoir une vie amoureuse effervescente, mes amies et moi avons commencé une tradition de soirées « Champagne *in the city* ».

Le thème de la Grande Première ? Sexe et champagne, les grandes similitudes.

Tout a commencé il y a quelques semaines lorsque ma copine Marie-Claude et moi sommes allées prendre un verre pour célébrer la fin de son contrat.

MC (Marie-Claude) : On boit quoi ?

Moi : Du champagne !

MC : Hein ? T'es folle ou quoi ? ? ?

Moi : Et alors, pourquoi pas ? À Paris, tout le monde boit du champagne sans raison. Le cocktail branché, c'est d'ailleurs une piscine !

MC : Une quoi ? ? ?

Moi : Une piscine ! Du champagne servi dans une coupe ballon et dans laquelle on ajoute des glaçons. Telllement bon !

MC : Oui, mais ça coûte une fortune !

Moi : Et alors ? C'est pas pire qu'une nouvelle camisole chez H&M…

MC : Ouais… Vu comme ça.

La serveuse : On vous sert quoi, les filles ?

Nous deux : Une piscine !

La serveuse : Une quoi ? ?

Moi : Une coupe ballon, du champagne et des glaçons.

Moment de silence... ou plutôt... d'exaspération...

Moi : Bon. On va commencer par une flûte et on plongera ensuite dans la piscine.

À demi flûte...

MC : C'est drôle, j'ai comme les jambes qui pétillent. Et c'est quoi tous ces pétards qui nous tournent autour ?

Moi : C'est l'attraction de la bulle...

MC : Hein ??

Moi : Non seulement ça stimule les sens, mais ça filtre les indésirables de mauvais goût.

MC : Tiens, tiens... Tu me fais penser. J'ai une bouteille de Moët et Chandon qui traîne chez moi depuis deux ans. Un cadeau de mes ex-beaux-parents.

Moi : Et ton ex, au lit, il en valait le coup ?

MC : Plutôt brut...

Moi : Hum... Et tu préfères les types rosés ?

MC : Peu importe... Pour autant que je ne finisse pas à plat...

Moi : Tu as raison. L'important, c'est de s'éclater !

Pop !

> N'ATTENDEZ PAS DE MOURIR
> AVANT DE VIVRE.
> – JACK

LES FLÈCHES
DE CUPIDON

Suis-je amoureuse, sexuellement
attirée ou profondément attachée ?
Comment faire pour savoir quelle
flèche nous a piquée ?

Je m'explique. La semaine dernière, j'ai fait la rencontre de ce jeune tourmenté.

Beau, jeune, professionnel. Il est marié à la même femme depuis des années. Ensemble, ils ont eu deux beaux enfants. Un bonheur en toute simplicité, une relation remplie de complicité.

Puis, un accident. Ou plutôt, un coup de foudre. Subit. Fracassant.

L'homme se rend alors chez son psy et lui dit : « Docteur, mais que m'arrive-t-il ? Je ne me possède plus ! »

Le doc lui répond : « Mais mon cher, c'est très simple. Vous êtes en amour ! »

Puis, voyant le regard désemparé du pauvre homme, il ajoute : « Quoi, vous ne saviez donc pas ce que c'était ? »

De sa vieille armoire, le doc sortit son livre fétiche, le *Recueil du Grand Manitou des Minouches*, et lut le passage suivant :

Un jour viendra, où vous tomberez en amour… À cet instant précis, vos pieds ne toucheront plus terre. La pièce se transformera en halo flou. Si bien que vous ne percevrez plus que la pupille de votre interlocuteur. Cette fraction de seconde vous fera même oublier votre nom et la couleur de vos caleçons. Votre sourire sera pendu à vos oreilles. Vos sens seront aussi

268

grandement affectés. Vous perdrez d'abord l'odorat (la mauvaise haleine de votre partenaire deviendra un bouquet subtil et raffiné), puis l'ouïe. Ce bruit (serait-ce un pet ?) résonnera alors à vos oreilles telle une mélodie d'instrument à vent. Enfin, vous redécouvrirez l'Âge du Berceau, car vous deviendrez complètement gaga.

L'homme leva les yeux vers le psy et dit : « Mais comment se fait-il que je n'aie pas vécu cela avant ? »

Le psy : Parce que vous avez été piqué par une Flèche de Tête. Les gens ne savent plus par quelle flèche ils ont été piqués. Tête, cœur, sexe…

L'homme : Mais comment faire pour savoir ?

Le psy : Normalement, les hommes s'en sortent assez bien. Le problème vient plutôt des femmes. Car même si la flèche les pique au niveau du postérieur, elles réussissent souvent à se faire crever le cœur.

Ouch !

IL EST TOUJOURS BON DE SE LAISSER « ATTERRIR » AVANT DE PARLER PROJET D'AVENIR.

– DOMINIQUE SURPRENANT

L'AVEUGLE
ET L'INFIDÈLE

Quelle puissance ont vos verres
en amour ? Avez-vous une vision
aveugle des erreurs de parcours ou
préférez-vous garder le focus lorsque
l'autre la joue flou? Devrions-nous
porter d'épais verres fumés ou tout
surveiller à la loupe? Comme ça
ou… comme ça?

L'éterrrrrnelle question de l'infidélité. Ou plutôt, de la fidélité précédée du préfixe « in » ? Quoi ? Tu m'as trompée ? ? ?

Voilà. Il vous a trompée. (Il ou elle, on s'en fout. Le sexe n'a pas de sexe.)

Maintenant, vous faites quoi ? Je le demande parce c'est arrivé à une amie, Mirha, il y a quelques mois. Son petit ami a sauté la clôture de façon… comment dire… un peu cavalière. Il a passé la nuit avec une autre et, au lieu de garder ce rodéo sous silence, le gars en question (complètement sauté) a envoyé des photos de son trophée de chasse à ses amis sur Facebook. Fantastique !

Moi : Pardon ? ? ? ?

Mirha : Tu as bien compris.

Moi : N'importe quoi ! Un communiqué de presse avec ça ? Pour diffusion immédiate…

Mirha : Honnêtement, je ne sais pas à quoi il a pensé…

Moi : Je comprends mieux maintenant pourquoi vous n'êtes plus ensemble. Inacceptable !

Mirha : Oui… Et le pire, c'est que les photos se sont rendues à mes collègues de bureau. La honte, quoi !

Moi : Impossible de fermer les yeux là-dessus.

Mirha : En fait, j'aurais préféré ne rien voir.

Moi : Ah bon ?

Mirha : Je lui avais toujours dit. Si jamais tu me trompes, je ne veux pas le savoir.

Moi : Et pourquoi ça ?

Mirha : Parce que je suis incapable de pardonner… Je suis 100 % presbyte.

Moi : Ah… je vois.

Lorsqu'on se retrouve dans un cas d'infidélité, on peut voir la situation de trois façons : aveugle, myope ou presbyte.

Les presbytes sont incapables de passer à autre chose une fois confrontés à la réalité.

Les myopes arrivent à mettre le drame en perspective… et à se détacher suffisamment pour voir un peu flou.

Les aveugles ne voient rien, même si tout est clair. Par choix.

Mirha : Tu en penses quoi ? Tu es presbyte ou myope ? Pas aveugle quand même !

273

Moi : Rien de tout ça. En fait, j'étudie pour devenir opticienne. J'aimerais trouver la juste paire de lunettes le jour où je ne verrai plus clair.

Après tout, pour trouver LA monture, il faut parfois être Vision-Air…

Non ?

> L'AMOUR VÉRITABLE EST INCONDI-
> TIONNEL. L'AMOUR VÉRITABLE NE SE
> JOUE PAS SUR LA POSSESSION DE
> L'AUTRE. IL EST LIBERTÉ ET INTÉGRITÉ.
>
> — MARIE-CLAUDE

LA PERLE
ET LE NÉGOCIACŒUR

Êtes-vous de ceux qui croient
en l'amour « coûte que coûte » ?
Celui pour lequel on donne trop
cher de notre personne ? Ou
respectez-vous plutôt vos moyens,
quitte à laisser filer la marchandise
qui vous intéresse ?

La semaine dernière, j'étais dans une superbe brocante parisienne, rue Charlot, 3e arrondissement. Un genre de marché aux puces, mais avec des robes Lanvin, des chaussures Prada et des sacs YSL seconde main. Le rêve ! J'arrive donc à cette table, ensevelie de bijoux plus jolis les uns que les autres. Allez savoir lequel choisir ! Parmi tous ces bijoux, lequel m'irait comme un gant, me mettrait en valeur encore et encore, année après année… et ce, malgré ses petites égratignures passées ?

La plupart des gens n'aiment pas les brocantes. Il faut aimer chercher, partir à la quête du trésor caché… On ne sait jamais combien de temps ça prendra ni même si cela arrivera. C'est comme ça. Et puis, pour aimer les brocantes, savoir repérer la bonne affaire, il faut avoir le sens des affaires…

J'allais abandonner la partie quand, soudain, mon regard se pose sur un superbe collier en argent orné de perles. Le genre de collier exquis à la fois *glamour* et classique, moderne et intemporel. Je le prends dans mes mains, pour vérifier. Top qualité. Je le sais. Puis je vois les initiales… NR. Non…

Moi : Combien pour celui-ci ? demandai-je au vendeur.

Le vendeur : 50 euros, mademoiselle.

50 euros… Si c'est bien ce que je crois, quelle affaire ! Puis une autre voix… celle de la vendeuse en chef. La fine connaisseuse. Zut !

La vendeuse : Ah non, celui-là est à 75 euros. C'est un Nina Ricci, vous savez ! Et il vient avec le boîtier et tout.

Mais bien sûr que je savais… Et maintenant que j'en avais la confirmation… je le voulais encore plus ! Évidemment… C'est toujours comme ça.

Ce collier était pour moi. En revanche, je n'allais pas y laisser ma peau… ni toutes mes économies… Ce serait mon prix, ou rien.

Moi : Je le prends à 50 euros. C'est le prix que vous m'avez donné au départ.

Le vendeur : Ah mais je ne savais pas qu'il s'agissait d'un Nina Ricci… Désolé, mademoiselle. Le mieux que je puisse faire, c'est 70.

Moi : Non.

Le vendeur : 65, c'est mon dernier prix.

Moi : Non. C'est trop cher. Je ne peux pas. Au revoir, monsieur.

J'avais le cœur en miettes. Je prenais le risque de tout perdre et de voir mon collier (MA trouvaille !!!) pendue au cou d'une autre plus fûtée.

Et puis, non... S'il était fait pour moi, je l'aurais. À mon prix. Je tournai le dos au vendeur, fis quelques pas dans la foule de brocantaholics parisiens, m'éloignant de plus en plus de mon collier adoré... Surtout, ne pas me retourner ! ! ! Puis, au loin, une voix... celle du vendeur. Joie ! ! !

Le vendeur : 55 euros rien que pour vous mademoiselle !

Hésitation... Ne jamais flancher au dernier moment... Même si la tentation est forte... très forte... il faut persister, persister... A-GO-NI-SER ! ! ! !

Le vendeur : Bon. Allez, 50 et il est à vous ! Vous savez que vous venez de faire une bonne affaire, n'est-ce pas ?

Moi : Bien sûr !

Mais parfois, il faut savoir respecter le prix qu'on s'est fixé. Surtout si on connaît sa propre valeur.

Parole de NégociaCŒUR.

> LA VIE N'EST QU'UN JEU DE NÉGOCIA-TION PERPÉTUELLE AVEC TOUTES LES PERSONNES QUI NOUS ENTOURENT. C'EST NOTRE HABILETÉ À NÉGOCIER QUI FERA BRILLER LE PETIT BIJOU QUE L'ON PORTE EN NOUS.
> – JOCELYN

L'EX, LE SOSIE
ET LE
MÉTAMORPHOSÉ

Avez-vous un genre? Je veux
dire un type de personne par qui
vous êtes inévitablement attiré
comme un aimant? Se peut-il qu'on
soit programmé pour fondre devant une
carrure d'épaules ou une commissure
de lèvres bien précise? Et si c'est le
cas, peut-on changer la donne pour
aller vers un individu totalement
différent?

Mon Genre

Mon Chum

Une de mes amies, Suzie, souffre du syndrome du sosie de l'ex. Tous les mecs qu'elle rencontre ressemblent systématiquement à son ancien amoureux, pour ne pas dire qu'ils sont jumeaux.

Suzie et moi, au Café Charlot, dans le 3ᵉ arrondissent à Paris.

Moi : Vraiment, je n'arrive pas à comprendre comment tu fais pour trouver autant de personnes qui se ressemblent. Tu devrais travailler dans une boîte de *casting* « doublures de cinéma ».

Suzie : Qu'est-ce que tu veux dire ?

Moi : Ton nouveau mec… Comment il s'appelle déjà ?

Suzie : Carl.

Moi : Carl… Eh bien, Carl est IDENTIQUE à Peter.

Suzie : Ah bon, tu trouves ?

Moi : Je confirme. Et Peter, tu te souviens de Peter ?

Suzie : Mais bien sûr, voyons ! Tu me prends pour qui ?

Moi : Alors Peter était la copie conforme de Simon.

Suzie : Pas du tout !

Moi : Flagrant. Et puisqu'on y est, je n'ai pas fini… Simon était un duplicata de Sébastien.

Suzie : Aucun rapport !

Moi : Alors… Tu vas me dire que Sébastien n'était pas le double de Fabrice maintenant ?

Suzie : Mais bien sûr qu'il ressemblait à Fabrice, c'était son jumeau… Mais ça ne veut rien dire !

Moi : Vraiment, ça ne veut rien dire ?

Moment de silence… Suzie se retourne, prend une gorgée de rosé… regarde autour, s'attarde sur un joli blond bouclé…

Suzie : Mon Dieu, tu crois que je recherche Fabrice inconsciemment ?

Moi : Alors si c'est inconscient pour toi, c'est visiblement évident pour moi ! Mais tu sais quoi ? Les gars sont pires que nous. Je crois qu'ils savent dès la naissance quel genre de femme ils veulent comme femme.

Suzie : Ah oui ?

Moi : Je crois, oui. S'ils ont en tête une blonde grande et mince, élégante au teint clair, ils vont rester pris avec cette image… comme une fixation permanente. Ils ne sortiront jamais avec une petite brunette à lunettes ! Du moins, si, mais en attendant… l'autre ! Celle qu'ils ont en tête. Purement visuel.

Suzie : Intéressant…

Moi : Alors tu vois, on s'en fout. Inutile d'essayer de se convaincre en se disant : « Il est trop petit, trop poilu, pas du tout mon genre, mais bon, il est si mignon lorsqu'il paye l'addition… Et si j'essayais ? »

Suzie : Ouais ! Tu as bien raison. Moi j'aime les blonds ! L'homme de ma vie sera blond ! Blond aux yeux bleus…

Moi : Ah oui, bleus ?

Suzie : Oui, comme ceux de Fabrice, tu te souviens ?

Des métamorphoses d'ex-attirance… ça existe ? Styliiiste !

> ON PEUT RECHERCHER CELUI OU CELLE QU'ON A VRAIMENT AIMÉ À TRAVERS NOS NOUVELLES FLAMMES. MAIS ON NE REMPLACERA JAMAIS L'ORIGINAL PAR UN SOSIE.
>
> — MISTER G.

LES ADRESSES BRANCHÉES
DE MISS RITCHIE

Montréal

L'Assommoir Bernard
112 Bernard Ouest (T 514 272 0777)

Baldwin Barmacie
115 Laurier Ouest (T 514 276 4282)

Buvette Chez Simone
4869 avenue du Parc (T 514 750 6577)

Café Vasco Da Gama
1472 Peel (T 514 286 2688)

La Croissanterie Figaro
5200 Hutchison, Outremont (T 514 278 6567)

DNA Restaurant
355 Marguerite d'Youville, Vieux-Montréal (T 514 287 3362)

La Fabrique
3609 Saint-Denis (T 514 544 5038)

Grange Vin + Bouffe
120 McGill, Vieux-Montréal (T 514 394 9463)

Hed Salon
4267 Saint-Laurent #200 (T 514 845 0007)

Le Local
740 William, Vieux-Montréal (T 514 397 7737)

Maïko Sushi
387 Bernard Ouest, Outremont (T 514 490 1225)

Oz Bijoux
3915 Saint-Denis (T 514 845 9568)

Le Petit Conti
4007 Saint-Denis (T 514 845 6842)

Le Pois Penché
1230 boulevard de Maisonneuve Ouest (T 514 667 5050)

Pulmann
3424 avenue du Parc (T 514 288 7779)

Restaurant Laloux
250 avenue des Pins Est (T 514 287 9127)

Santos Café & Lounge
191 Saint-Paul Ouest, Vieux-Montréal (T 514 849 8881)

Tapeo Bar à tapas
511 Villeray (T 514 495 1999)

New York

Le Labo
233 Elizabeth Street (T 212 219 2230)

The Rose Bar, Gramercy Park Hotel
2 Lexington Avenue (T 212 920 3300)

Paris

Murano Urban Resort
13 boulevard du Temple (T 33 (0) 1 42 71 20 00)